Helga Fell

Die Schulfähigkeit im Alltag fördern

Ein Praxishandbuch für Eltern, Erzieherinnen und Lehrkräfte

Ideen für die Praxis

Gedruckt auf umweltbewusst gefertigtem, chlorfrei gebleichtem
und alterungsbeständigem Papier.

1. Auflage 2012
Nach den seit 2006 amtlich gültigen Regelungen der Rechtschreibung
© by Brigg Pädagogik Verlag GmbH, Augsburg
Alle Rechte vorbehalten.
Das Werk und seine Teile sind urheberrechtlich geschützt.
Jede Nutzung in anderen als den gesetzlich zugelassenen Fällen bedarf der vorherigen
schriftlichen Einwilligung des Verlages. Hinweis zu § 52 a UrhG: Weder das Werk noch seine
Teile dürfen ohne eine solche Einwilligung eingescannt und in ein Netzwerk eingestellt werden.
Dies gilt auch für Intranets von Schulen und sonstigen Bildungseinrichtungen.
Illustrationen: Bettina Weyland

ISBN 978-3-87101-**781**-0 www.brigg-paedagogik.de

Inhalt

Vorwort für Pädagogen 4
Vorwort für Eltern 5

Schulfähig sein – Was bedeutet das? 7

Kriterien der Schulfähigkeit 11
Kognitive Fähigkeiten .... 11 Physisch-motorische Fähigkeiten 13
Emotionale Fähigkeiten .... 12 Sozial-kommunikative Fähigkeiten 14

Augen auf! 16
Eine Welt voller Laute und Buchstaben .... 17 Eine Welt voller spannender Sachen 27
Eine Welt voller Zahlen, Formen und Eine Welt voller Begegnungen 29
Körper 22

Die didaktische Brille 32
Förderaspekte in Alltagssituationen erkennen 33
Fragen brauchen Antworten 34
Gemeinsam geht es besser – Zusammenarbeit zwischen Eltern, Kindergarten und Schule 36

Schulfähigkeit im Alltag fördern 39

Im Tagesablauf 41
Am Morgen .... 41 Beim Abholen 45
Beim Frühstück .... 41 Die Nachmittagsgestaltung 46
Auf dem Weg zum Kindergarten .... 43 Am Abend 48
Im Kindergarten angekommen .... 45 Bettgehrituale 50

Bei besonderen Anlässen 52
Beim Einkaufen .... 52 Bei einem Ausflug 61
Bei den Großeltern .... 53 Auf einer langen Autofahrt 62
Beim Spielen mit Freunden .... 54 Am Bahnhof 65
In der Badewanne .... 55 Bei der Küchenarbeit 66
In der Bücherei .... 57 Beim Wäschewaschen 67
Auf dem Spielplatz .... 58 Beim Fernsehen 68
Der eigene Geburtstag .... 59 In der Werkstatt 69
Familienfeste 60

Dem Kind Zeit lassen 71

Gut Ding braucht Weile! 72
Gelassenheit, Geduld, Humor und starke Nerven 73
Schlusswort 75

Anhang 77

Weiterführende Bemerkungen für Pädagogen 78
„Vorschuleltern" begleiten und auf die Schule „vorbereiten" 78
Kooperation mit Eltern 80

Fachwörterlexikon 82
Literaturverzeichnis 84

Vorwort für Pädagogen

Sicher haben Sie die Frage „Was muss mein Kind denn alles können, bevor es in die Schule kommt?" schon oft gehört. Erwartet werden bei dieser Frage häufig konkrete Antworten wie „still sitzen", „den Stift richtig halten", „den eigenen Namen schreiben", „sich gut konzentrieren" und vieles mehr. Doch ob das Kind schulfähig ist, lässt sich nicht durch das Abhaken einzelner Kriterien feststellen; vielmehr müssen wir das Kind in seiner Ganzheit betrachten, was nur im gegenseitigen Austausch mit den Eltern gelingen kann. Zu Hause in der Familie zeigt das Kind vielleicht ganz andere Eigenschaften als in der Institution.

Wenn Sie einmal gemeinsam mit den Eltern überlegen, welche Kompetenzen das Kind in der Schule tatsächlich benötigt, werden Sie feststellen, dass fast alle diese Fähigkeiten auch im täglichen Leben Anwendung finden. „Schulfähigkeit" wird in diesem Buch deshalb mit „Alltags- oder Lebenskompetenz" gleichgesetzt, was bedeutet, dass die Förderung hauptsächlich im Alltagsleben stattfindet. Sie setzt bereits nach der Geburt ein und beginnt nicht erst im letzten Jahr vor dem Schulanfang. Es werden hier vielfältige Fördermöglichkeiten des familiären Alltags beschrieben, die sich oft auch auf die Arbeit in der pädagogischen Einrichtung übertragen lassen. Auf Sie als Pädagogen kommt dabei eine wichtige Doppelfunktion zu: Einerseits gilt es, in Erziehungs- und Bildungspartnerschaft mit den Eltern die Ihnen anvertrauten Kinder auf ihrem Weg durch das Leben und zur Schule zu begleiten. Andererseits ist der Dialog mit Eltern über die pädagogische Arbeit wichtig, da auch diese erst in die Rolle von „Schulkindeltern" hineinwachsen müssen.

Indem Sie Ihre tagtägliche Arbeit in der Einrichtung transparent machen und den Sinn und Zweck verdeutlichen, helfen Sie den Eltern dabei, die „didaktische Brille" für die Förderangebote des Alltags aufzusetzen und sie dafür zu sensibilisieren, dass sie im Alltag bereits vieles ganz nebenbei zur Förderung der Schulfähigkeit leisten. Machen Sie sich selbst und den Eltern bewusst, dass viele, manchmal banal erscheinende, alltägliche Dinge mehr für die Vorbereitung auf die Schule leisten als manches „Vorschulprogramm" mit unzähligen Arbeitsblättern. Die dargestellten praktischen Ideen in diesem Band sollen helfen, dafür die Augen zu öffnen.

Ich hoffe, dass Sie in diesem Buch die Wichtigkeit des partnerschaftlichen Miteinanders aller an der Erziehung und Bildung Beteiligten spüren, und wünsche Ihnen eine vertrauensvolle Zusammenarbeit mit den Eltern, die von gegenseitiger Wertschätzung geprägt ist.

Vorwort für Eltern

Oft werde ich als Grundschullehrerin gefragt: „Was muss mein Kind denn alles können, bevor es in die Schule kommt?" Eigentlich müsste die Antwort lauten: „Alles das, was es in seinem bisherigen Leben für das Leben gelernt hat." Es gibt natürlich spezielle Fähigkeiten, welche ein Kind für das schulische Lernen braucht, und häufig wird das letzte Jahr vor der Einschulung als ein Jahr der besonderen Förderung gesehen, was sich in zahlreichen „Vorschulprogrammen" zeigt. Viele „schulwichtige" Kompetenzen werden jedoch nicht erst im Alter von fünf Jahren erworben. Ab der Geburt befindet sich ein Kind bereits auf seinem Lebensweg „vor der Schule", es ist also schon ein „Vorschulkind". Ein dreijähriges Kind, das im Sandkasten spielt, übt dabei seine Feinmotorik, eine Fähigkeit, die es später zum Schreiben in der Schule benötigt. Diese Fingerfertigkeit braucht das Kind aber nicht nur für die Schule, sondern z. B. auch zum Essen mit Besteck.

Man könnte den Begriff „Schulfähigkeit" somit in „Lebens- oder Alltagstauglichkeit" umwandeln. Das Kind lernt von Anfang an ständig Neues dazu, auch ohne den Einsatz von Lernprogrammen. Und das geschieht vorwiegend im Alltag, ganz nebenbei und unbewusst. Die Eltern sind tatsächlich die „ersten Lehrer" des Kindes. Es liegt auf der Hand und wurde auch in Studien nachgewiesen, dass der Einfluss der Familie auf den späteren Schulerfolg am größten ist (Textor, 2008, S. 2). Der Lernprozess des Kindes setzt sich natürlich im Kindergarten fort – und danach in der Schule, in der dann die Kulturtechniken wie Lesen, Schreiben und Rechnen erworben werden.

Die vielfältigen Fähigkeiten, die ein Kind für diese schulischen Anforderungen braucht, werden in den folgenden Seiten ausführlich dargestellt. Dieses Buch möchte Ihnen die Augen öffnen für die zahlreichen Möglichkeiten, die uns der Alltag zur Förderung der „Lebenstauglichkeit" und „Schulfähigkeit" bietet. Oft sind es ganz einfache Gelegenheiten, in denen eine ganze Menge an Bildung steckt.

Im Text werden einige Fachbegriffe verwendet, die Ihnen vielleicht nicht alle geläufig sind. Deshalb finden Sie am Ende des Buches ein kleines „Fachwörterlexikon" zum Nachschlagen.
Ich wünsche Ihnen eine vertrauensvolle Zusammenarbeit mit den Erzieherinnen und Lehrkräften Ihres Kindes und Ihrem Kind natürlich viel Freude und Erfolg auf seinem Weg in die Schule.

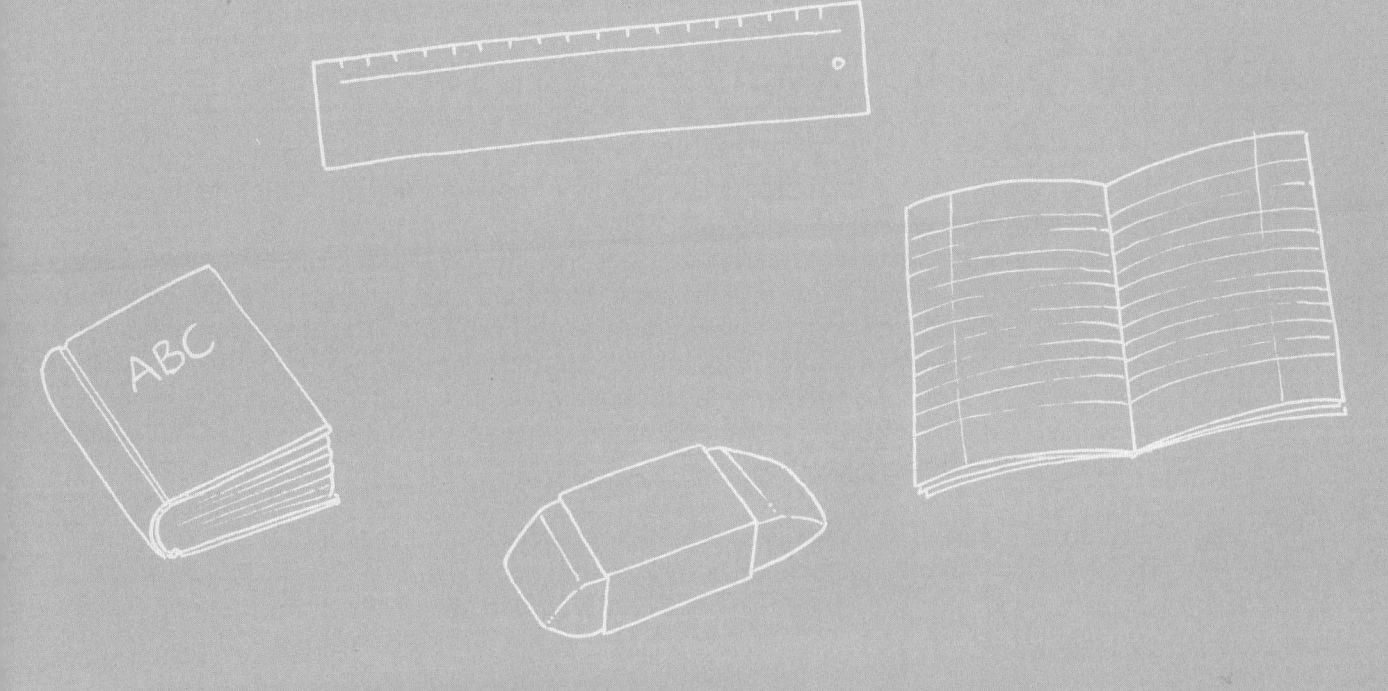

Schulfähig sein – Was bedeutet das?

Schulfähig sein – Was bedeutet das?

Es gibt zahlreiche Listen, auf denen steht, was ein Kind alles beherrschen sollte, damit es ein „gutes Schulkind" wird. Solche Auflistungen von Schulfähigkeitsmerkmalen sind immer nur als Hilfsraster zu verstehen, um sich einzelne Kriterien der Schulfähigkeit bewusst zu machen. Man darf nicht den Fehler begehen und denken, dass jeder einzelne Punkt erfüllt sein muss. Schulfähigkeitskriterien sind nicht statisch, man kann nicht einzelne Förderpunkte als erledigt abhaken. Schulfähigkeit ist ein Prozess, in dem sich jedes Kind auf dem Weg zur Schule befindet. Jedes Kind hat seine eigene Persönlichkeit und wächst zudem unter solch unterschiedlichen Bedingungen auf, dass man eigentlich jeweils ein eigenes Schulfähigkeitsprofil erstellen müsste. Schauen Sie sich die vier folgenden Beispiele an:

Fridolin (5 Jahre, 6 Monate) liest schon ganze Sätze und rechnet bereits Aufgaben bis 20 sicher. Beim Frühstück kleckert er Marmelade auf den Teller. Obwohl er das bemerkt, bleibt der Ärmel seines Pullovers während des Frühstücks dreimal in der Marmelade hängen.

Manuel (5 Jahre, 8 Monate) baut gern stundenlang mit Lego. Er isst am Tisch schon mit Messer und Gabel. Lesen und rechnen kann er noch nicht, aber er sortiert seine Legosteine ordentlich nach Farben und baut sogar Pyramiden daraus. Er hat immer ein bisschen Angst vor unbekannten Dingen, er mag z. B. nicht zu anderen Kindern zum Spielen.

Amelie (5 Jahre, 5 Monate) hat viele Freundinnen, mit denen sie spielt. Sie geht regelmäßig zum Ballett und lernt Flöte. Schwimmen hat sie schon mit vier Jahren gelernt. Sie singt, malt und tanzt gern. Am liebsten sieht sie „Die Sendung mit der Maus" an und fragt ihre Eltern dann Löcher in den Bauch.

Jakob (6 Jahre, 2 Monate) mag überhaupt nicht malen oder basteln. Am liebsten spielt er draußen im Garten in seinem Sandkasten oder geht mit seinen Freunden auf den Spielplatz. Er schaut freudig mit seiner Mama Bilderbücher an und hört interessiert zu, wenn ihm vorgelesen wird. Seinen Namen kann er gut leserlich schreiben. Im Spiel „Uno" ist er ein wahrer Meister.

Welches der vier Kinder ist schulfähiger? Diese Frage ist nicht so einfach zu beantworten. Denn zu den persönlichen Voraussetzungen kommen noch weitere Faktoren hinzu. Fridolin und Manuel kommen in eine Klasse mit 28 Kindern in einer vierzügigen Grundschule und müssen mit dem Schulbus fahren. Amelie und Jakob werden in ihrem Dorf eine jahrgangsgemischte Klasse mit insgesamt 20 Kindern besuchen. Wie würden Sie nun die Schulfähigkeit der einzelnen Kinder beurteilen?

Wie Sie sehen, sind auch Faktoren aus der Umwelt für die Definition des Schulfähigkeitsbegriffs von Bedeutung. In der Schulfähigkeitsforschung der vergangenen Jahre hat Horst Nickel dieses System als „sozial-kulturelles Makrosystem" bezeichnet, welches die Schulfähigkeit beeinflusst (Nickel, 1999, S. 154). Das bedeutet, dass die unterschiedlichen Anforderungen und Bedingungen in der Familie, im Kindergarten und in der Schule wesentlich zur Schulfähigkeit des einzelnen Kindes beitragen. So wie es in den verschiedenen Bundesländern und Schulen Unterschiede bei Lehrplänen, Unterrichtsorganisation, Lehrerverhalten sowie materieller und personeller Ausstattung gibt, arbeiten auch Kindergärten sehr unterschiedlich. Natürlich sind neben dem Hauptfaktor Familie diese Außenfaktoren ebenso prägend für die Erziehung und Bildung des Kindes. Deshalb ist eine gute Zusammenarbeit aller Beteiligten für die Entwicklung des Kindes von großer Bedeutung.

„Das Schulfähigkeitsdreieck"

Schauen wir uns nun das werdende Schulkind an. **Welche Fähigkeiten können wir bei ihm fördern, damit ein guter Schulstart gelingt?**

In der Schule benötigen Kinder die gleichen Fähigkeiten, die sie auch brauchen, um ihr Leben in der Gesellschaft zu meistern. Eigentlich könnte man den Begriff „Schulfähigkeit" durch den Begriff „Alltagstauglichkeit" ersetzen. Sicher kennen Sie das Sprichwort: „Nicht für die Schule, sondern für das Leben lernen wir." (Lateinisch: „Non scolae, sed vitae discimus.")

Es ist immer wichtig, das Kind in seiner ganzen Persönlichkeit zu sehen, bildlich gesprochen mit Kopf, Herz, Hand und Mund. Daraus lassen sich zahlreiche Aspekte der Schulfähigkeit herleiten, die im Folgenden in vier Bereiche eingeteilt werden, um sich einen besseren Überblick verschaffen zu können. Natürlich greifen die einzelnen Faktoren oft ineinander und können im Alltag nicht isoliert voneinander betrachtet werden. Wir haben immer das „ganze Kind" vor uns und nicht nur dessen Kopf oder dessen Hände. Lernt ein Kind beispielsweise, eine Schleife zu binden, benötigt es außer dem Wissen, in welcher Reihenfolge die Schnürsenkel zu legen und zu verbinden sind, auch das notwendige feinmotorische Geschick. Es braucht Geduld, Ausdauer und Konzentration und natürlich auch jemanden, der ihm schon einige Male vorher die Schuhe gebunden und dabei die Vorgehensweise beschrieben hat. In diesem Sinne sollte eine „ganzheitliche Förderung" verstanden werden.

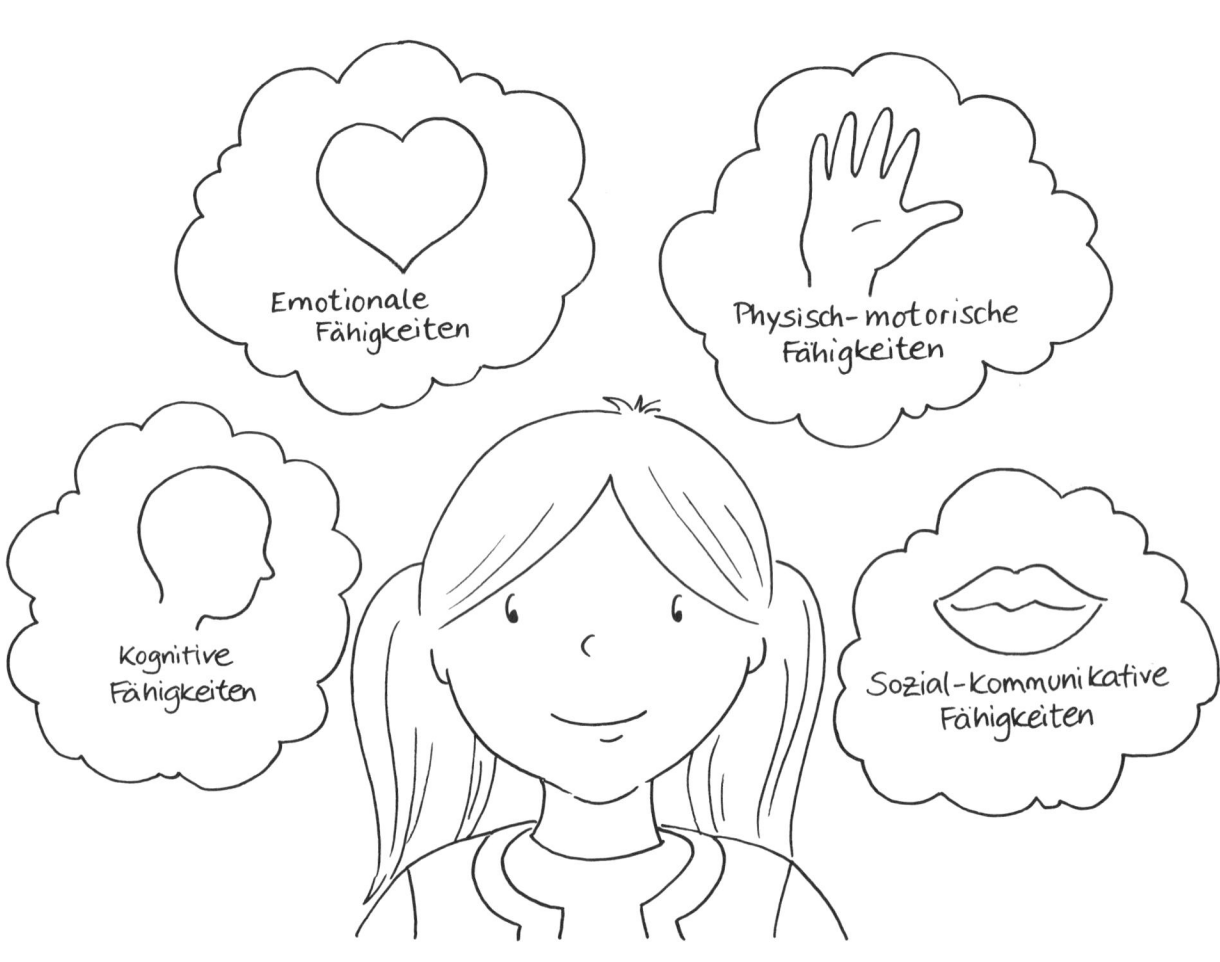

Kriterien der Schulfähigkeit

 **Kognitive Fähigkeiten**

Unter kognitiven Fähigkeiten versteht man alle Denkleistungen, die im Gehirn ablaufen. Dazu gehören die Wahrnehmung, die Denkfähigkeit, der große Bereich der Sprache, das Begreifen von mathematischen Zusammenhängen und viele weitere Bereiche, die Gedächtnisleistungen erfordern.

Folgende Übersicht soll verdeutlichen, wofür einzelne Kompetenzen zum schulischen Lernen wichtig sind:

Mein Kind kann ...	In der Schule wichtig für ...
Wahrnehmung	
Gegenstände, Bilder und Symbole erkennen	Lese- und Schreiblernprozess, Mathematik, Erkennen von Buchstaben und Zahlen
Farben und Formen erkennen	Kunst, Geometrie
Laute hören und zuordnen	Lese- und Schreiblernprozess, Musik
Denkfähigkeit	
sich Daten merken	alle Fachbereiche, Denken ist eine Grundvoraussetzung allen Lernens
Anleitungen umsetzen	
Handlungsabläufe in die richtige Reihenfolge bringen	
Sprache	
Anweisungen verstehen	alle Fachbereiche
deutlich sprechen	Lesen, Unterrichtsgespräch
eigene Gedanken formulieren	mündlicher und schriftlicher Sprachgebrauch
die Struktur der Sprache erkennen: Laute, Buchstaben, Wörter, Sätze (phonologische Bewusstheit)	Lese- und Schreiblernprozess, Zuordnen von Lauten zu Buchstaben, Rechtschreiben, Grammatik
Mathematische Fähigkeiten	
sortieren, ordnen, vergleichen	mathematische Grundvoraussetzungen: Mengen und Längen vergleichen, Reihen fortsetzen, zeitliche Abfolgen erkennen
Mengen zählen und Zahlen erkennen	Anzahlen erfassen, Ziffern zuordnen, rechnen
sich am eigenen Körper und im Raum orientieren	mathematische Begriffsbildung, Richtungen (links, rechts, oben, unten ...) kennen, Geometrie, Leselernprozess (Leserichtung)

 # Emotionale Fähigkeiten

Emotionale Fähigkeiten haben alle mit der Gefühlswelt des Kindes zu tun. Der Aufbau von emotionalen Kompetenzen wie Selbstvertrauen, Angstfreiheit und Zuversicht, Lern- und Leistungsmotivation, Ausdauer und Konzentration setzt eine emotionale Stabilität des Kindes voraus. Diese ist vor allem bei Kindern, die in ihrer Familie eine sichere und liebevolle Bindung aufbauen konnten, gut ausgeprägt. Auch eine gewisse Frustrationstoleranz und das „Wartenkönnen auf Erfolgsbestätigung" zählen zu den emotionalen Fähigkeiten des Kindes.

Mein Kind kann ...	In der Schule wichtig für ...
Selbstvertrauen, Angstfreiheit und Zuversicht	
sich von der Familie zeitweise trennen	das ganze schulische Leben, in dem das Kind alleine zurechtkommen muss
Neues angstfrei ausprobieren	das Bewähren in neuen Situationen, mit denen es konfrontiert wird
auch schwierigere Aufgaben meistern	
Ausdauer und Konzentration	
Spiele zu Ende spielen	Arbeitsaufträge in allen Fachbereichen zu Ende bringen, sich nicht ablenken lassen
Arbeiten zu Ende ausführen	
bei der Sache bleiben	
Leistungsmotivation	
sich Mühe geben, ein gesetztes Ziel zu erreichen	zielorientiertes Arbeiten in allen Fachbereichen, Anstrengungsbereitschaft
sich freuen, wenn es ein gesetztes Ziel erreicht hat	Lernfreude bewahren
Frustrationstoleranz, Warten auf Bestätigung	
beim Spielen auch mal verlieren	mit Misserfolgen umgehen können und aus Fehlern lernen
abwarten	in einer Klasse können nicht alle gleichzeitig an die Reihe kommen
sich mit anderen über deren Erfolge freuen	das Kind muss ertragen können, dass andere vor ihm Anerkennung für richtige Antworten bekommen

 ## Physisch-motorische Fähigkeiten

Zu den physisch-motorischen Fähigkeiten gehören in erster Linie die körperliche Gesundheit und der ganze Bewegungsapparat des Kindes, insbesondere dessen grob- und feinmotorische Fähigkeiten. Sie versetzen das Kind in die Lage, Alltagssituationen, z. B. das Anziehen, selbstständig zu bewältigen.

Mein Kind kann ...	In der Schule wichtig für ...
Selbstvertrauen, Angstfreiheit und Zuversicht	
Grobmotorik	das ganze schulische Leben, in dem das Kind alleine zurechtkommen muss
vorwärts und rückwärts laufen	Sportunterricht, Musik- und Bewegungserziehung (das Ausleben des Bewegungsdrangs in der Pause fällt „sportlichen" Kindern leichter, sie sind auch anerkannte Spielpartner), Sicherheitserziehung
turnen und sich sicher auf Spielgeräten bewegen	
Fahrrad fahren	Verkehrserziehung, Sportunterricht (Gleichgewicht, Körperkoordination)
schwimmen	Sicherheit und Selbstbewusstsein im Sportunterricht (ist auch in der Kleingruppe leichter zu lernen als in einer großen Klasse)
Feinmotorik	
mit den Fingern kneten	Schreiblehrgang
unverkrampft den Stift halten	Schreiben, Malen
genau ausmalen	Schreiblehrgang, Kunst, Sachunterricht, Geometrie
mit Schere und Kleber richtig umgehen	Handarbeiten, Bastelarbeiten, für Arbeitsaufträge in allen Fachbereichen (Arbeitsblätter)
eine Schleife binden	beim Anziehen, Fingerfertigkeit für Schreiblehrgang
Selbstständigkeit	
sich alleine an- und ausziehen	Umziehen beim Sport- oder Schwimmunterricht, für die Pause, beim Kommen und Gehen
Aufgabenstellungen eigenständig erledigen	alle Fachbereiche, in der großen Gruppe ist die Lehrkraft nicht permanent für Einzelne verfügbar
Gesundheit	
sehen, hören, (fühlen, schmecken, riechen)	visuelle und auditive Wahrnehmung dessen, was die Lehrkraft zeigt oder sagt
sich oft und viel bewegen	als Ausgleich zum vielen Sitzen in der Schule, Gesundheitserziehung

 ## Sozial-kommunikative Fähigkeiten

Sozial-kommunikative Fähigkeiten helfen, sich in einer Gruppe zurechtzufinden und zu bewähren. Sie beinhalten die Anerkennung von Regeln mit den dazugehörigen Umgangsformen, den Respekt vor dem anderen und die Fähigkeit, seine eigene Meinung zu vertreten, ohne den anderen zu verletzen.

Mein Kind kann ...	In der Schule wichtig für ...
Anerkennung von Regeln	
sich in Spielen an Regeln halten	Fairness im Sportunterricht, Spielen in der Pause
Regeln im familiären Zusammenleben einhalten	die Einhaltung der Schul- und Hausordnung zum friedvollen Zusammenleben
angemessen auf Konsequenzen reagieren	Werteerziehung, Gerechtigkeit
Umgangsformen	
freundlich grüßen und sich verabschieden	das menschliche Miteinander, das Wohlfühlen in der Schule
„Bitte" und „Danke" sagen	Partnerarbeit, Gruppenarbeit, Erziehung zu Hilfsbereitschaft
mit guten Tischmanieren essen und trinken	Verhalten in der Pause, soziale Anerkennung in der Gruppe
Respekt	
sich anderen gegenüber respektvoll verhalten	Anerkennung und Respekt vor Personen und Wertschätzung der Arbeit (Lehrkräfte, Hausmeister, Sekretärin)
Soziale Kompetenz	
eigene Gefühle äußern	Umgang mit Erfolg oder Misserfolg, Streitsituationen bewältigen
anderen zuhören	Unterrichtsgespräch, persönliche Gespräche
eigene Meinungen äußern, ohne andere zu verletzen	Sozialerziehung, Erziehung zu demokratischem Verhalten, Kompromissbereitschaft

Wenn Sie sich an die anfangs beschriebenen Kinder erinnern, so wird man bei jedem von ihnen sicher einige Schulfähigkeitskriterien finden, die bereits sehr ausgeprägt sind, bei anderen Punkten stehen die Kinder vielleicht noch in den Startlöchern. Genauso wird es bei Ihrem Kind sein. Es hat sicher schon viele Stärken, aber manche Dinge könnten auch noch besser werden. Neben allen Fördermaßnahmen, die Sie in den folgenden Kapiteln entdecken werden, ist es wichtig, dass Sie selbst mit Ihrem Kind eine positive Einstellung zu Schule und Lernen aufbauen. Lernen ist etwas, was Freude und Zufriedenheit bereitet, es lässt uns die spannende Welt entdecken, in der wir leben. Vermeiden Sie Aussagen wie: „Warte nur, bis du in die Schule kommst, da beginnt der Ernst des Lebens." Solche Sätze lösen bei Kindern Ängste aus, die eigentlich unbegründet sind. In der Regel freuen sich Kinder auf die Schule, weil sie damit zu den „Großen" gehören und an deren Leben teilhaben dürfen. Wenn Sie es schaffen, diese Vorfreude zu vermitteln und zu bewahren, leisten Sie damit einen wichtigen Beitrag zur Schulfähigkeit Ihres Kindes.

Die wichtigsten Punkte aus diesem Kapitel:

 Schulfähigkeit ist ein Prozess, in dem sich ein Kind befindet, und deshalb für jedes Kind anders zu definieren

 Die Systeme Familie, Kindergarten und Schule beeinflussen die Schulfähigkeit, dabei hat die Familie den größten Einfluss

 Schulfähigkeit ist mit „Lebens- oder Alltagstauglichkeit" gleichzusetzen

 Ganzheitliche Förderung (Kopf, Herz, Hand und Mund) geschieht am besten in Alltagssituationen

 Eine positive Grundeinstellung zu Schule und Lernen verhindert das Entstehen von Ängsten

Augen auf!

Mit dieser Aufforderung, die sich nicht nur auf den Straßenverkehr beziehen sollte, möchte ich Sie motivieren, wirklich einmal genau auf die alltäglichen Dinge zu schauen und ganz bewusst wahrzunehmen, wie viel Können, Wissen und Erfahrungen hinter vielen, oft so banal wirkenden Gegebenheiten stecken.

Jakob spielt mit seinem Papa im Garten Fußball. Als der Ball über den Gartenzaun zu den Nachbarn fliegt, ist es nicht nur eine sportliche Leistung (physisch-motorische Fähigkeit: „ein toller Schuss"), eine naturwissenschaftliche Erkenntnis (kognitive Fähigkeit: durch die Schwerkraft landet der Ball wieder am Boden) und ein plötzliches Empfinden (emotionale Fähigkeit: Enttäuschung – „Oh je, der Ball ist weg!"), sondern vielleicht auch ein Anlass zum Einüben von Kommunikation (sozial-kommunikative Fähigkeiten: Kontaktaufnahme/Entschuldigung/Bitte), wenn Jakob bei den Nachbarn klingeln muss, um den Ball wiederzuholen.

Solche Situationen entstehen einfach spontan, trotzdem werden gerade hier Kriterien der Schulfähigkeit ganz unbewusst geübt. Kinder lernen sehr oft in Situationen, die gar nicht als Lernsituationen geplant sind. Wichtig ist dabei vor allem, dass man sich seine eigene Vorbildfunktion bewusst macht. Kinder lernen ihr Verhalten oft am Modell, was von Bandura bereits 1963 in seinen Studien zur Lernpsychologie beschrieben wurde. Das Kind lernt durch Beobachtung und „kopiert" das Verhalten seiner Lehrperson. Man kann das sehr gut nachvollziehen, wenn man von seinem Kind plötzlich genau die gleichen Redewendungen hört, die man selbst in seiner Sprache verwendet.

 Als Amelie und ihre Eltern zum ersten Mal bei einer vierköpfigen Familie einer Arbeitskollegin eingeladen sind und die Kinder sich nach dem Abendessen zum Spielen in die obere Etage verabschieden, kommt Amelie die Treppe herunter, bleibt in der Mitte stehen, nimmt die Hände in die Hüften und ruft: „Haben die vielleicht einen Saustall da oben!" Der Mutter bleibt das Essen im Hals stecken, nicht nur weil sie ihre eigenen Worte wiedererkennt.

Machen Sie also die Augen in zweierlei Hinsicht auf: Betrachten Sie die alltäglichen Situationen im Hinblick auf das Können und Wissen, das sich ihr Kind gerade in dieser Situation aneignet oder bereits anwendet. Bedenken Sie außerdem bei allem, was sie reden und tun, dass ihr Kind, auch wenn es anscheinend gerade mit etwas anderem beschäftigt ist, ständig dazulernt, denn Kinder haben ihre Augen und Ohren immer und überall offen.

Eine Welt voller Laute und Buchstaben

Mit dem „ersten Schrei", eigentlich dem ersten eigenen Laut, den ein Kind von sich gibt, taucht es in eine Welt voller Laute und Buchstaben ein. Es ist dauerhaft von Sprache umgeben. Zunächst sind es natürlich die Laute, in der Fachsprache Phoneme genannt, die das Kind wahrnimmt und im Gehirn speichert. So entwickelt sich durch das Vorbild der Eltern die eigene Muttersprache. Untersuchungen haben ergeben, dass das erste Lebensjahr sehr entscheidend für die Sprachentwicklung ist, weil in dieser „sensiblen Phase" sämtliche Laute, die das Kind für das spätere Sprechen braucht, abgespeichert werden (Blakemore/Frith, 2006, S. 62). Deshalb ist es wichtig, dass man von Anfang an viel mit seinem Kind spricht. Die manchmal zu Unrecht verpönte „Babysprache" ist eigentlich in den ersten Monaten im sozialen Wechselspiel zwischen Eltern und Kind sehr wichtig, denn damit passt man sich ganz intuitiv dem kommunikativen Niveau des Kindes an. Nach dem anfänglichen „Gurren", den ersten „A- und I-Lauten" kommt das Baby in ein „Lallstadium" – und wie stolz ist man, wenn es zum ersten Mal „Mama" oder „Papa" sagt.

Etwa mit dem 1. Geburtstag mündet diese sogenannte phonologische Entwicklung in die Produktion von Wörtern, deren Anzahl sich manchmal schlagartig erhöht. Es gleicht eigentlich einem Wunder, wenn man bedenkt, dass Menschen im Alter von 16 Jahren einen durchschnittlichen Grundwortschatz von 60.000 Wörtern erreichen (Grimm/Weinert, 2002, S. 526). Sie können ja mal ausrechnen, wie viele Wörter man da an einem Tag lernen muss.

Natürlich sind in diesem hochkomplexen Lernprozess nicht alle Lautverbindungen und Wörter von Anfang an richtig. Wenn Fridolin „Bimbane" sagt, erkennt seine Mutter trotzdem sofort, dass er eine Banane haben möchte, und gibt sie ihm mit den Worten: „Hier hast du eine Banane." Keine Mutter würde anders reagieren und so tun, als hätte sie das Kind nicht verstanden, um damit das richtige Wort hervorzurufen. Man weist das Kind nicht auf seinen Fehler hin, sondern bringt sehr viel Geduld auf, immer wieder das richtige Wort für einen Gegenstand zu wiederholen, bis das Kind es in seiner eigenen Sprache anwendet. Hierbei ist es für die Sprachentwicklung des Kindes wichtig, dass man sich nicht der Babysprache anpasst, sondern die Dinge wirklich beim Namen nennt.

 Damit Sie nicht denken, dass ich Sie hier mit unabdingbaren Regeln belehren möchte, füge ich gleich noch hinzu, dass in unserer Familiensprache ein Schlafanzug seit ungefähr vier Jahren nur noch „Schlafawunz" heißt. Unsere Tochter kennt aber trotzdem beide Wörter.

Die Hauptbedingung für den Spracherwerb ist natürlich das Hören der Sprache. Deshalb ist es wichtig, das genaue Hin- und Zuhören zu schulen, um die vielfältigen Laute und Geräusche des Alltags selektiv richtig zuzuordnen (Tenta, 2002, S. 22). Die Fähigkeit, einzelne Laute eines Wortes zu unterscheiden, bezeichnet man als „phonologische Bewusstheit im engeren Sinn". Vielleicht kennen Sie ja auch Trainingsprogramme aus dem Kindergarten zur Entwicklung der phonologischen Bewusstheit. Hier werden gezielte Übungen zur Lauterkennung, Silben- und Reimbildung durchgeführt, da man die phonologische Bewusstheit als wichtige Grundvoraussetzung für den Schriftspracherwerb erkannt hat.

Die **„Laute-Entdeckerliste"** auf S. 18 möchte Ihnen ein paar Ideen liefern, wie und wo überall Ihr Kind Laute, Silben und Wörter für die Entwicklung der phonologischen Bewusstheit finden kann. Achten Sie bei allen Sprechübungen darauf, dass Sie selbst eine deutliche Aussprache pflegen. Sie können solche Übungen mit dem Kind auch einmal vor einem Spiegel machen und dabei die Mundstellung bei den einzelnen Lauten gezielt beobachten.

Laute-Entdeckerliste

- Geräusche im Haushalt entdecken oder erraten: Telefon, Staubsauger, Waschmaschine, Mixer, Wasser einschenken, Spitzer …

- Besteck anhand des Geräusches beim Tischdecken unterscheiden

- Geräusche im Freien hören und zählen, wie viele unterschiedliche Geräusche man z. B. in einer Minute entdeckt: Vogelzwitschern, Auto, Zug, Flugzeug, Blätterrauschen, Bach …

- Geräusche-Memory basteln (in je zwei Döschen z. B. Reis füllen)

- Stimmen nachahmen, hohes und tiefes Sprechen wie „der Papa", „die Tante"

- Laut-und-leise-Spiel: Musizieren, Dirigent zeigt mit vereinbarter Bewegung an, ob laut oder leise gespielt wird

- Instrumente im Zimmer suchen, z. B. Tür als Trommel

- „Mäuschen, piep einmal!": Versteckspiel, die Maus gibt der Katze Signale

- Tierstimmenspiel: Tiere anhand der Laute, die sie machen, erkennen

- Anlautspiel: Finde möglichst viele Dinge, die mit „A" anfangen

- Ich sehe was, was du nicht siehst, es fängt mit „M" an

- Koffer packen: „In meinen Koffer packe ich …" (z. B. alles mit „S")

- Schoßspiele: „Hoppe, hoppe, Reiter …"

- Fingerspiele: „Das ist der Daumen …"

- Auszählreime: „Ene, mene, miste …"

- Reimwörter suchen: „Im Haus ist eine …"

- Namen klatschen, patschen oder hüpfen: „Ich heiße Bar-ba-ra" (Silben)

- Zaubersprüche erfinden: „Sim sala bose, hier ist eine Hose, sim sala bocken, hier sind meine Socken …"

- „Kasperle-Sprache": Verdrehen der Laute, z. B. „Epfal" statt Apfel

- „Roboter-Sprache": Wie ein Roboter in Silben sprechen („Ich zie-he nun mei-ne Strumpf-ho-se an.")

- „Flüsterpost": Ein Wort wird in der Familienrunde immer weiter ins Ohr geflüstert, der Letzte muss sagen, was er verstanden hat

- Singen: Kinderlieder, Volkslieder und alles, was Spaß macht, Lieder im Radio mitsingen (auch „in Englisch")

(Vgl. Tenta: Schrift- und Zeichenforscher. Don Bosco Verlag 2002, S. 22–29.)

Kinder entdecken in ihrer Umwelt schon sehr früh, dass es neben der gesprochenen Sprache Schriftzeichen (sogenannte Grapheme) und andere Symbole gibt, die vor allem für die „Großen" von Bedeutung sind. Die Faszination für Buchstaben beginnt bei manchen Kindern schon mit drei Jahren oder sogar früher und sollte auch nicht gebremst werden. Wenn Ihr Kind dieses Interesse an Buchstaben zeigt und fragt: „Mama, was ist das für ein Buchstabe?", sollten Sie von Anfang an lautieren. Das bedeutet, dass Sie immer den Laut des Buchstabens sagen, z. B. für „M" nicht „Emm" wie beim Aufsagen des Alphabets, sondern nur den Laut „Mmm", als ob etwas lecker schmeckt. Stellen Sie sich vor, Sie würden ein Wort lesen, indem Sie die einzelnen Buchstaben wie im Alphabet buchstabieren, dann würde aus dem einfachen Wort „SALAT" ein „ESSAELLA-TEE". Das Lautieren ist am Anfang für Sie vielleicht ungewohnt, aber es lohnt sich wirklich, da Kindern das Lesenlernen und insbesondere das „Zusammenlesen" dadurch viel leichter fällt. Durch das Lautieren bildet man quasi die Verbindung zwischen Phonem und Graphem, also zwischen einem Laut und einem Buchstaben.

Kindergartenkinder wollen oft schon ihren Namen schreiben können. Hier empfiehlt es sich, den Namen in Großbuchstaben zu schreiben, da diese vom Bewegungsablauf her leichter sind. Im Gegensatz zur früher weitverbreiteten Meinung, dass das Schreiben erst in der Schule in einem Lehrgang gelernt werden darf, um keine Fehler im Bewegungsablauf einschleifen zu lassen, ist man heute glücklicherweise der Ansicht, dass der frühe Umgang mit Buchstaben sogar förderlich ist. Deshalb sollte man den Kindern erlauben, mit Schriftzeichen zu hantieren, wenn sie es möchten, und sie auch zu spontanen Schreibversuchen ermutigen (Elschenbroich, 2001, S. 205). Stellen Sie sich vor, Sie haben gerade Lust, sich frei zu einer schönen Musik zu bewegen, und man verbietet es Ihnen, weil Sie erst die exakte Choreografie für diesen Tanz lernen müssen. So verhält es sich mit den spontanen Schreibversuchen der Kinder: Man lässt sie einfach ungezwungen schreiben und korrigiert auch die Fehler nicht. Ist es nicht herrlich, wenn Fridolin seiner Oma auf der Urlaubskarte schreibt, dass er im Hafen einen großen „KROIZFATDAMFA" gesehen hat? Kinder, die schon so weit sind, dass sie das, was sie mitteilen möchten, schriftlich zu Papier bringen können, haben bereits einen großen Schritt in Richtung Schriftspracherwerb getan. Denn sie können den Lauten schon selbst Schriftzeichen zuordnen. Dass sie die Dinge noch nicht richtig schreiben können, liegt daran, dass sie alle Laute, die sie selbst beim Mitsprechen des Wortes hören, lautgetreu wiedergeben. Natürlich ist die eigene Sprache entsprechend dem Vorbild der Eltern oft dialektgefärbt. In Franken würde aus einem Polizisten sicher ein „BOLIZISD" werden. Manchmal fehlen den Kindern auch die Buchstabenverbindungen für die Laute, sodass sie beispielsweise für Schule „SULE" schreiben würden. Versuchen Sie also, die Schreibversuche Ihres Kindes mit viel Fantasie zu entziffern (manchmal hilft lautes Vorlesen) und würdigen Sie die tolle Leistung, die es vollbracht hat.

Auf der **„Buchstaben-Entdeckerliste"** auf S. 20 finden Sie einige Situationen, in denen Kinder mit Buchstaben und Schriftsprache in Verbindung kommen.

Buchstaben-Entdeckerliste

Zu Hause

- in Kinderbüchern und anderen Büchern
- in Zeitungen und Zeitschriften
- in Werbeprospekten und Katalogen
- an der Pinnwand
- auf Einkaufslisten
- auf Notizzetteln
- auf Postkarten, Briefen und Paketen
- auf der Computertastatur
- in Spielen (z. B. Monopoly)
- auf dem Adressstempel
- auf Kleidungsstücken
- auf der Waschmaschine und anderen Elektrogeräten
- an der Haustür
- am Briefkasten
- auf Verpackungen

In der Umwelt

- auf Verkehrsschildern, z. B. „P" für Parkplatz, „Einbahnstraße", „STOP"
- auf Autos und KFZ-Schildern
- an Gebäuden: Post, Kino, Kindergarten, Bäckerei, Supermarkt …
- auf Werbetafeln und Wahlplakaten
- auf dem Taxi
- am WC
- auf dem Bahnsteig, bei öffentlichen Verkehrsmitteln
- auf dem Pizza-Auto
- bei Schnellrestaurants

Insgesamt ist es wichtig, Kinder an seinem eigenen täglichen Umgang mit Schrift und Sprache teilhaben zu lassen. Sprechen Sie laut mit, wenn Sie z. B. einen Einkaufszettel schreiben oder einen Brief mit Ihrem Absender und der Adresse versehen. Lesen Sie einfach mal eine interessante Nachricht aus der Zeitung laut vor. Und was gibt es Schöneres als das gemeinsame Anschauen oder Vorlesen eines Kinderbuches, was vielleicht ja ein Bettgehritual sein könnte? Ihr Kind bekommt durch Ihren bewussten Umgang mit Sprache und Schrift automatisch mit, wie bedeutend die Kulturtechniken Lesen und Schreiben für unseren Lebensalltag sind.

Die wichtigsten Punkte aus diesem Kapitel:

 Viel mit dem Kind sprechen und gutes Sprachvorbild sein, auch die „Babysprache" ist am Anfang wichtig für die Sprachentwicklung

 Gutes Hören ist die Grundvoraussetzung zum Sprechen

 Phonologische Bewusstheit (über die Lautstruktur der Sprache) erleichtert das Lesen- und Schreibenlernen

 Buchstaben immer lautierend aussprechen, also „Mmm" statt „Emm"

 Frühe Lese- und Schreibversuche sind ausdrücklich erlaubt

Eine Welt voller Zahlen, Formen und Körper

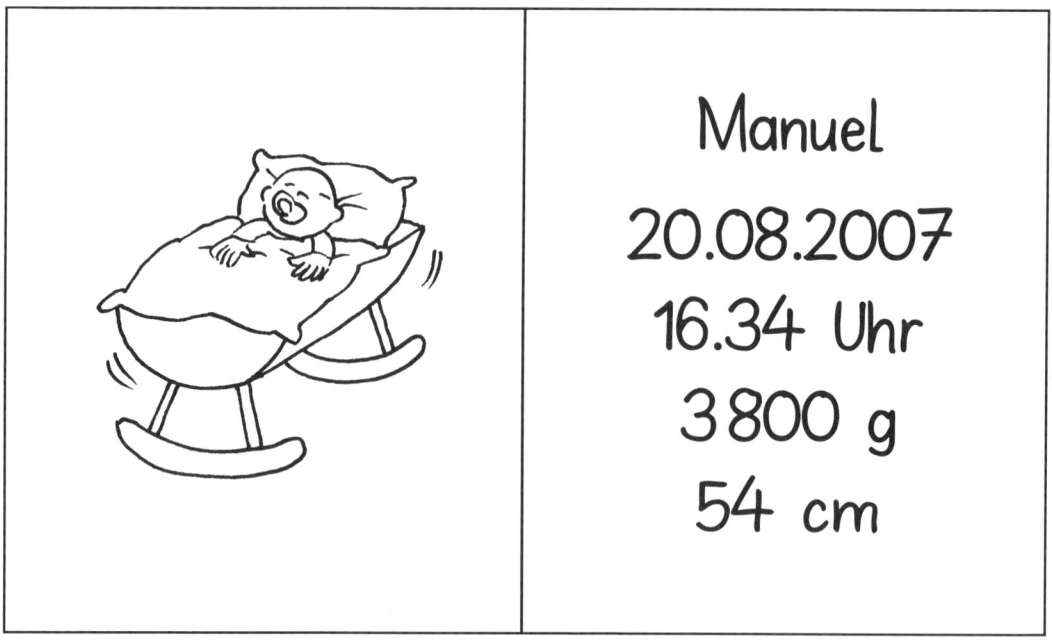

„Wir freuen uns sehr über unseren Sohn Manuel, geboren am 20.08.2007 um 16.34 Uhr, 3800 g schwer, 54 cm groß." Auch dieses Kapitel beginnt wieder mit der Geburt, denn obwohl es dem kleinen Säugling noch egal ist, so befindet er sich doch schon in einer Welt voller Zahlen, Formen und Körper. Im Allgemeinen denkt man bei „Mathematik" zuerst an „Zahlen". Jedoch hat in den ersten Lebensjahren die Geometrie eine viel höhere Bedeutung, da sie uns beim Erschließen der Umwelt hilft.

Bereits von klein an beschäftigt sich das Kind mit dem eigenen Körper. Diese eigene Körpererfahrung ist eine Grundvoraussetzung dafür, sich im Raum zurechtzufinden. Begriffe wie „oben, unten, vorne, hinten, rechts, links" sind einerseits für die Orientierung im Raum notwendig, andererseits auch für das sich daraus entwickelnde räumliche Vorstellungsvermögen und das räumliche Denken grundlegend.

Vom eigenen Körper ausgehend, entdeckt das Kind schon sehr früh andere geometrische Körper und Flächen, auch wenn es diese in den ersten Jahren noch nicht zu benennen weiß. Es krabbelt durch das Wohnzimmer, das vielleicht die Körperform eines Quaders hat, es wirft einen Ball, der kugelförmig ist, es robbt unter dem Tisch durch, dessen Form rechteckig oder quadratisch ist. Solche Grunderfahrungen werden beim Spielen mit Bauklötzen oder durch Puzzle- und Einsteckspiele sicherlich erweitert: Das Kind entdeckt durch handelnden Umgang mit den Spiel- oder Alltagsmaterialien Begriffe wie „rund, dreieckig, viereckig, Würfel oder Kugel". Dabei ist es nicht verboten und auch nicht schädlich, wenn Eltern Fachbegriffe, wie z. B. „quadratisch", korrekt anwenden. Kinder lieben es, sich Wörter aus der „Fachsprache" der Erwachsenen zu erobern und können sich die Begriffe oft viel schneller einprägen, als wir denken.

Die **„Körper- und Formen-Entdeckerliste"** auf der folgenden Seite soll wieder einige Ideen für die Begegnung mit Körpern und Formen liefern.

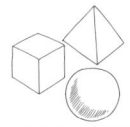 # Körper-und-Formen-Entdeckerliste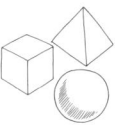

Zu Hause

- Verpackungen aller Art, z. B. Schuhkartons, Päckchen, Spielzeugverpackungen …
- Käseschachteln, Käseecken   
- Wurstscheiben
- Blechkuchen und Torten/Backformen/Ausstechförmchen
- Würfelzucker (eigentlich „Quaderzucker") 
- Tischdecken
- Handtücher 
- Badteppiche oder Läufer
- Regale, Schränke
- Sofakissen
- Uhren  
- Fernseher, Musikboxen
- CDs, DVDs
- Blumentöpfe und Vasen
- Bilder und Bilderrahmen
- Fensterformen  
- Lineal und Geodreieck
- Regenschirme, Sonnenschirme, Sonnensegel
- Dreieckstuch im Verbandskasten 
- Legespiele, Magnetspiele

In der Umwelt

- Verkehrszeichen
- Häuserformen, Hausdächer
- Schaukel (Dreiecksformen)
- Fahrzeuge, LKW, Betonmischer 
- Mülltonne
- Sandkasten mit Eimer, Spielformen
- Fußball, Fußballtor, Torwand

„Wie alt bist du denn?" Spätestens mit dieser Frage kommen Kinder in Kontakt mit der Zahlenwelt. Bis zum anstehenden Geburtstag, den man gar nicht erwarten kann, wird gezählt, wie oft man noch schlafen muss. Ist der Geburtstag endlich da, werden die Geschenke und die Kerzen auf dem Geburtstagskuchen gezählt. Kinder lernen sehr schnell die Zahlwortreihe und können vielleicht sogar schon bis 20 und darüber hinaus zählen, was aber nicht bedeutet, dass sie damit bereits ein Mengenverständnis haben und Mengen richtig einschätzen können. Um Anzahlen miteinander vergleichen zu können, braucht man die sogenannte 1:1-Zuordnung, die sich ständig im Alltag ergibt: Ist auf dem Tisch für jedes Familienmitglied ein Teller und hat jeder einen Löffel? Durch das Vergleichen von Mengen, z.B. beim Verteilen von Gummibärchen, werden auch mathematisch wichtige Begriffe wie „mehr, weniger, gleich viele, die meisten, die wenigsten" gebildet. Wichtig ist zudem die Erkenntnis, dass die Mächtigkeit einer Menge gleich bleibt, wenn sich die räumliche Struktur verändert. Piaget spricht dabei in seinen Versuchen von „Invarianz" (Piaget, 2005). Das Kind muss erkennen, dass die Anzahl beispielsweise von Legosteinen gleich bleibt, wenn sie in ein anderes Gefäß geschüttet werden oder wenn man sie zu einem Turm aufbaut. Neben dem Erfassen von Mengen und deren Vergleich sollten Kinder lernen, Gegenstände nach ihren Eigenschaften zu klassifizieren. Dies gelingt im Alltag bei allen Sortierversuchen, wenn z.B. Besteck in den Kasten einsortiert wird oder die Bauklötze nach ihrer Farbe oder Form geordnet werden.

Letztendlich ist im mathematischen Lernprozess noch die sogenannte „Serialität" von Bedeutung. Es ist die Erkenntnis über eine zeitliche Beziehung von Ereignissen. Ein Gefühl für Zeit und Zeitabläufe muss sich erst entwickeln. Indem Handlungsabläufe im Alltag von den Eltern mitgesprochen werden, lernen die Kinder Begriffe wie „zuerst, dann, zuletzt": „Zuerst ziehen wir die Unterwäsche an, dann die Socken, danach Hose und Pulli und zuletzt die Schuhe." In Verbindung mit der Serialität steht der „Kardinalzahlaspekt" der Zahlen, was nichts anderes bedeutet, als „der Erste, der Zweite, der Dritte", also die Zahlen, die man beim Schreiben mit einem Punkt dahinter versieht. Dieses Verständnis entwickelt sich im Alltag automatisch, denn welches Kind möchte nicht gern als „Erster" in der Reihe stehen? Die oben aufgeführten mathematischen Fähigkeiten, die man oft gar nicht als solche erkennt, weil sie der „normalen Lebensbewältigung" dienen, bilden die Basis für den mathematischen Lernprozess.

In den früheren Lehrplänen der Grundschule wurde die Bedeutung dieser grundlegenden mathematischen Fähigkeiten so ernst genommen, dass man sich in den ersten Schulwochen nur mit „Mengenlehre" beschäftigte und z.B. mit großen, kleinen, roten, blauen oder gelben Plättchen Übungen zur 1:1-Zuordnung, zum Vergleichen, zur Invarianz und zur Klassifikation durchführte. Heute hat man erkannt, dass Kinder bereits im Alltag vielfältige Erfahrungen mit Mengen und Zahlen machen und bei Schulbeginn auch ganz „heiß" darauf sind, endlich rechnen zu dürfen. Diesem Vorwissen und der Vorfreude auf Mathematik wird im heutigen Anfangsunterricht Rechnung getragen.

Das bedeutet für uns Eltern, dass wir unseren Kindern in Alltags- und Spielsituationen behilflich sein müssen, sich dieses Vorwissen aneignen zu können. Auf der **„Zahlen-Entdeckerliste"** auf S. 25 finden Sie Möglichkeiten der Begegnung mit Zahlen und Mengen.

 # Zahlen-Entdeckerliste

Zu Hause

- Telefon
- Computertastatur
- Fernbedienung
- Programmanzeige auf dem Fernseher
- Küchenwaage
- Personenwaage
- Messbecher
- Zollstock oder Maßband
- Lineal
- Taschenrechner
- Postleitzahlen auf Briefen
- Kataloge, Werbeprospekte mit Preisen
- Gewichts- oder Volumenangaben auf Verpackungen
- Bücher, Seitenzahlen
- Eier-, Schaumkuss-, Pralinenschachteln (für Zählanlässe)
- Spielwürfel, Dominosteine

In der Umwelt

- Hausnummern
- Autokennzeichen
- Parkscheibe, Parkuhr, Parkscheinautomat, Parkhaus, Parkplatznummer
- Bahnhof: Gleise, Fahrkartenautomat, Fahrpläne, Sitzplätze
- Bus-/Straßenbahnnummern
- Tankstelle: Preistafel, Zapfsäule
- Flughafen: Gates, Boardingkarten, Sitzplätze
- Kino: Vorführzeiten, Saalnummer, Sitzplatznummer
- Werbeplakate
- Geschäfte, Preisschilder
- Kassenanzeige
- Telefonzellen
- Notrufnummern auf Krankenfahrzeugen, Feuerwehrautos

Keiner erwartet von Ihrem Kind, dass es beim Eintritt in die Schule bereits rechnen kann, doch genau wie bei den „Frühlesern" sollten auch Kinder nicht gebremst werden, die bereits Freude an Rechenaufgaben zeigen. Wenn Sie mit Ihrem Kind einen Kuchen backen und es für Sie die Eier aus der Schachtel heraus zählt, ist es nicht nur eine tolle Rechenleistung („Erst waren zehn drin, jetzt habe ich fünf Eier raus und dann sind noch fünf da."), sondern auch die beste Vorbereitung für die Schulmathematik und dabei insbesondere das Sachrechnen. Mathematik lernt man im Alltag und wendet sie dort an, man benötigt sie wirklich überall.

 Bei einem Zoobesuch sieht Amelie, wie sich Ziegen paaren. Sie ruft ihrer Mutter zu: „Mama, schau mal, die machen Sexa!" Die Mutter ist erstaunt über ihr „aufgeklärtes" Kind und fragt ungläubig: „Was machen die?" Darauf Amelie: „Na Sechser, die tanzen auf sechs Beinen!"

Die wichtigsten Punkte aus diesem Kapitel:

 Geometrie ist gerade in den ersten Jahren wichtig für die Lebensbewältigung

 Eigene Körpererfahrung fördert die Begriffsbildung wichtiger mathematischer Grundbegriffe

 Mathematische Vorgänge im Alltag verbalisieren, auch Fachsprache ist erlaubt

 Basiskompetenzen für Mathematik: 1:1-Zuordnung, Vergleichen, Klassifizieren, Invarianz und Serialität erkennen

 In Alltagsmathematik lernen, Mathematik im Alltag anwenden

Eine Welt voller spannender Sachen

Haben Sie schon einmal überlegt, warum die Stubenfliege mühelos an der Decke spazieren gehen kann, ohne herunterzufallen? Leider haben wir Erwachsene die Lust verloren oder schlichtweg keine Zeit mehr, die spannenden Phänomene, die uns im Alltag begegnen, zu hinterfragen. Da haben uns die Kinder einiges voraus! Ihre Entdeckungen und die damit verbundenen Fragen scheinen endlos zu sein. Wenn ich Ihnen hier eine Liste der spannenden Sachen geben wollte, würden die Seiten sicher das ganze Buch sprengen. Deshalb möchte ich Sie in diesem Kapitel erneut ermutigen, einfach die Augen aufzumachen für die vielen interessanten Dinge des Alltags.

Wenn Ihr Kind in der Badewanne mit verschiedenen leeren Shampooflaschen spielt, macht es nicht nur mathematische Umfüllversuche zur Invarianz von Mengen, sondern es entdeckt auch, dass Luft physikalisch einen Raum einnimmt und aus der Flasche herausblubbert, wenn man diese unter Wasser drückt. Ebenso spannend sind die Entstehung und das Verhalten von Schaum, wenn man ein wenig Duschgel oder Badeschaum in die Flasche gibt und sie schüttelt. Kinder begegnen ständig faszinierenden Phänomenen, ohne sie in diverse Wissenschaften einzuordnen. Wir als Eltern sollten uns aber bewusst machen, dass diese kleinen Experimente den Kindern wesentliche Erkenntnisse in verschiedensten naturwissenschaftlichen und technischen Lernfeldern vermitteln und ihnen dabei helfen, sich ihre Welt zu erschließen.

Dabei ist es sehr wichtig, dass Kinder wirklich mit eigenen Händen etwas ausprobieren dürfen und sich das Wissen nicht nur aus Computerspielen oder Fernsehsendungen aneignen. Das Wort „begreifen" beinhaltet das Wort „greifen". Sie wissen es aus Ihrer eigenen Erfahrung, dass man sich etwas, was man selbst getan hat, besser merken kann als etwas, das man nur gelesen hat. Glücklicherweise erlauben auch die aktuellen Bildungs- und Lehrpläne für Kindergärten und Schulen diesen praktischen Umgang mit sachkundlichen Themen.

Leider ist uns Erwachsenen dieser positive Zugang zu solchen Fächern wie Chemie oder Physik durch die oft allzu theoretische Vorgehensweise in der Sekundarstufe manchmal regelrecht vermiest worden. Umso wichtiger ist es, mit den Kindern gemeinsam wieder auf Entdeckungsreise nach naturwissenschaftlichen Zusammenhängen zu gehen. Vielleicht hält uns auch die eigene Angst, etwas nicht richtig erklären zu können, davon ab, mit den Kindern Experimente zu machen. Doch bereits das gemeinsame Betrachten, Beobachten und Staunen ist grundlegend für den Aufbau einer gesunden Fragehaltung, die für das ständige Lernen im Leben so wichtig ist. Und man darf als Eltern ruhig mal zugeben, dass man etwas nicht weiß. Dann wird einfach gemeinsam überlegt, wie man an weitere Informationen kommen könnte. Im Sinne unserer Vorbildfunktion sollten wir uns überlegen, ob wir beim Anblick einer Spinne einen Schrei loslassen wie „Igitt, eine Spinne!" oder ob wir ganz leise das Kind herbeirufen, um das tolle, so exakt gebaute Spinnennetz zu betrachten oder an der Spinne die Beine zu zählen.

Den Wissenschaften, die sich ja in den späteren Schulfächern widerspiegeln, sollten wir vorurteilsfrei begegnen. Als ich vor ein paar Jahren in einer Bäckerei mal ein Schild mit der Aufschrift „Wir backen ohne Chemie!" sah, da dachte ich mir: „Wow, die brauchen also nicht einmal Wasser, Mehl, Salz, Zucker und Hefe für ihre Backwaren. Wie entsteht dann eigentlich das Brot?" Ich denke, Sie verstehen mich richtig: Wir wären ohne Chemie nicht lebensfähig. Wir bestehen aus Molekülen und in unserem Organismus laufen unzählige verschiedenste physikalische, chemische und biologische Prozesse ab. Wenn wir uns dessen bewusst sind und unseren Kindern damit einen positiven Zugang zu allen Wissenschaften als „Grundlagen unseres Lebens" mit auf den Weg geben, leisten wir meiner Meinung nach sogar einen wesentlichen Beitrag für unsere ganze gesellschaftliche Entwicklung.

Die wichtigsten Punkte aus diesem Kapitel:

 Experimentieren im Alltag ist Grundlage für wissenschaftliche Erkenntnisgewinnung

 Begreifen geht über das Greifen

 Experimente auch zulassen, wenn man das Ergebnis nicht erklären kann

 Durch gemeinsames Beobachten, Betrachten, Staunen … Fragehaltungen aufbauen

 Wissenschaften vorurteilsfrei begegnen

Eine Welt voller Begegnungen

Wir leben nicht allein auf dieser Erde und begegnen deshalb ganz automatisch anderen Lebewesen. Dabei dürfen wir uns Menschen schon als ein Wunder in Gottes Schöpfung betrachten. Wir können mit anderen in Kommunikation treten und damit das Leben auf der Erde wesentlich mitgestalten. Hier wird aus der Vorbildfunktion der Eltern wirklich eine Verpflichtung. So wie wir unseren Kindern begegnen, so lernen sie es auch, anderen zu begegnen. Von Anfang an spielt die Körpersprache eine wichtige Rolle. Schon Babys reagieren auf die Mimik und Gestik ihres Gegenübers und imitieren sogar dessen Gesichtsausdruck. Deshalb ist es wichtig, seine eigenen Gefühle und Stimmungen in der Körpersprache richtig darzustellen. Es gilt der Grundsatz der Authentizität. Das bedeutet, dass man nicht mit einem Lächeln auf den Lippen eine Schimpftirade loslassen sollte. Auch darf man nicht mit einem gelangweilten Blick sagen, dass etwas, was das Kind gerade erzählt, sehr interessant ist. Kinder haben ein sehr feines Gespür für Ehrlichkeit! Und wie sollten sie solche Werte in ihrem Leben schätzen lernen, wenn sie diese Wertschätzung nicht ebenfalls erfahren?

Natürlich befinden wir uns bei den Begegnungen in der Familie schon sehr tief im Feld der Erziehung. Ich möchte mich eigentlich aus der aktuellen Erziehungsdebatte, die von „kompetenten Kindern" bis zu „Tyrannen" reicht, heraushalten. Ich bin der Meinung, dass Erziehung „Glückssache" ist, die an manchen Tagen besser und an manchen Tagen schlechter gelingt. Schließlich sind wir Eltern auch nur Menschen mit Gefühlen, die uns manchmal freudig strahlen lassen, die uns manchmal aber auch gestresst wirken lassen. Es liegt mir fern, Ihnen als Eltern Erziehungstipps zu geben, da ich vielleicht eine Viertelstunde später selbst nicht weiß, mit welcher Reaktion ich dem neuen Zornausbruch meiner Tochter begegnen soll. In der Erziehung und in der Begegnung mit Menschen handelt man oft intuitiv und man kann nur hoffen und beten, dass diese Intuition meist richtig ist. Niemand, auch nicht der beste Pädagoge, ist perfekt und es ist menschlich, Fehler zu machen. Sicher ist es hilfreich, wenn man bestimmte Werte, z. B. Ehrlichkeit und Gerechtigkeit, als Grundlage seines Handelns sieht. Die oft betonte Konsequenz hat ebenfalls ihre Berechtigung, doch wie schwer dieser Grundsatz einzuhalten ist, erfährt man im Zusammenleben mit Kindern sehr schnell. Bei uns gilt die Familienregel „Versprochen ist versprochen und wird nicht gebrochen!", was im Großen und Ganzen auch eingehalten wird. Als neulich ein vereinbarter Termin mit einer Spielfreundin kurzfristig von anderer Seite abgesagt wurde, gab es bei meiner Tochter eine große Enttäuschung, die sich in lautstarkem Schreien äußerte, und alle Erklärungen konnten das Kind nicht beruhigen. Es hatte erfahren müssen, dass Vereinbarungen nicht immer gehalten werden. So ist eben das Leben. Ich will nicht leugnen, dass man bei aller Authentizität manchmal ein „Pokerface" braucht. Oder hätte ich, obwohl ich die Situation auch sehr blöd fand und mir meine Tochter wirklich leidtat, mitschreien sollen? Ich nahm sie in den Arm und sagte ihr, dass ich ihre Enttäuschung verstehe und dass im Leben nicht immer alles so läuft, wie man es sich wünscht. Auch wenn Erfahrungen nicht immer schön sind, bringen sie einen doch weiter, in diesem Fall eben im Bereich „Frustrationstoleranz üben".

Natürlich begegnet man nicht nur in der eigenen Familie Menschen. Wir leben in einer multikulturellen Gesellschaft, in der wir tagtäglich Menschen anderen Aussehens, anderer Herkunft und aus anderen Kulturen begegnen. Wenn wir hier die Grundsätze der Toleranz und Wertschätzung vorleben, leisten wir den besten Beitrag zum friedlichen Zusammenleben der Menschheit. Kinder und Betrunkene sagen ja bekanntlich immer die Wahrheit. Als Manuel bei einer Busfahrt in der Stadt eine korpulente Frau einsteigen sah, sagte er zu seiner Mutter: „Mama, guck mal, die Frau ist aber dick!" Die Mutter erschrak, war aber dann sehr erleichtert, dass die Frau, die ein Kopftuch trug und anscheinend aus der Türkei stammte, das nicht gehört bzw. nicht verstanden hatte. Am Abend im Bett nahm sich Manuels Mutter diese Situation noch einmal zum Anlass, mit ihm darüber zu sprechen, dass die Wahrheit manchmal für andere Leute sehr verletzend sein kann und dass man nicht immer das, was man denkt, auch gleich sagen muss: „Schweigen ist manchmal besser, als die Wahrheit sagen." Solche Gespräche über Begegnungen sind für das Entdecken der Regeln des sozialen Miteinanders sehr wichtig und man kann es Kindern im Alter von 5–6 Jahren durchaus schon zutrauen, die Gefühlswelt anderer zu verstehen, da sie Gefühle in diesem Alter bereits selbst wahrnehmen und beschreiben können. Beim nächsten Mal, als Manuel wieder einer ähnlichen Frau begegnete, legte er geheimnisvoll den Finger auf den Mund und lächelte seine Mutter verständnisvoll an.

Für die Begegnung mit Menschen ist die Kommunikation die wichtigste Grundlage, aber auch ein sehr schwieriges Terrain. Wie oft reden Menschen aneinander vorbei und es entstehen dadurch große Missverständnisse! Wenn Sie meinen, ihr Kind sollte sich jetzt anziehen und dazu folgende Aussage treffen: „Der Kindergarten macht gleich zu!", könnte das Kind die Botschaft für sich vielleicht anders übersetzen, mit seinem Spielen weitermachen und darüber nachdenken, wer die Tür wohl verschließen wird. Die eigentliche Botschaft, die Sie senden wollten („Ziehe dich an!"), ist nicht beim Empfänger der Nachricht angekommen und Sie haben letztendlich als Sender das Problem. Überlegen Sie gut, wie Sie sich ausdrücken, damit eine klare Botschaft beim Gegenüber ankommt. Dass auch ankommende Botschaften nicht immer die gewünschte Reaktion hervorrufen, soll folgende Anekdote beweisen.

 Amelie erzählt beim Abendessen: „Mama, ich bin frei verliebt!" Darauf die Mutter: „In wen denn?" Amelie: „In den Michael im Kindergarten." Die Mutter fragt: „Hast du ihm das schon einmal gesagt?" Amelie: „Ja!" Mutter: „Und was hat er da gesagt?" Amelie: „Er ist weggelaufen!"

Begegnungen beziehen sich aber nicht nur auf Menschen, sondern ebenso auf Dinge des kulturellen Lebens wie Musik, Kunst oder Sport. Hier gilt es für uns Eltern, Kindern viele Möglichkeiten eigener musischer, künstlerischer oder sportlicher Betätigung zu schaffen. Es soll nicht heißen, dass Sie Ihr Kind täglich von der Tennisstunde zum Klavierunterricht und anschließend zum Zeichenkurs chauffieren müssen, um ihm dieses kulturelle Lernen zu ermöglichen. Auch Besuche eines Spielplatzes mit Turngeräten, häusliches Musizieren auf Töpfen und Schüsseln oder ein einfaches Malen mit Wasserfarben auf alten Tapetenresten sind wertvolle Gelegenheiten der Auseinandersetzung mit „den schönen Dingen des Lebens". Und man braucht keinen „großen Geldbeutel" dafür.

Nicht zuletzt begegnen wir Dingen, die wir nicht mit unserem Verstand erklären können. Bei Fragen der Kinder zu Glauben und Religion oder zu Grenzerfahrungen des Lebens gelangen wir schnell an die Grenzen unserer Antwortmöglichkeiten. Wir können den Kindern aber Gelegenheiten geben, sich mit Gott und der Welt auseinanderzusetzen, indem wir ihnen den Besuch von Kleinkindergottesdiensten ermöglichen, die in sehr vielen Gemeinden angeboten werden. Viele Kindergärten beschäftigen sich inhaltlich mit christlichen Festen wie Ostern, Nikolaus, Advent und Weihnachten. Auch hier bieten sich zahlreiche Gesprächsanlässe zum Philosophieren. Ich persönlich finde es schön, wenn man dabei den Kindern die Freude am Glauben und das geheimnisvolle „Warten auf das Christkind" erlaubt und nicht meint, dass sie in unserer aufgeklärten Gesellschaft schon sehr früh wissen müssen, dass die Eltern die Geschenke kaufen. Es ist doch eine wichtige Erfahrung, dass nicht alles in der Welt erklärbar und voraussehbar ist. Ein bisschen schade finde ich im Moment die Entwicklung, dass traditionelle christliche Feste mit Bräuchen aus anderen Ländern vermischt werden. Weil im November St. Martin und Halloween eng beieinanderliegen, wird aus dem Fest des heiligen Martin schnell ein Laternenfest mit Gespenster- oder Kürbislaternen. Hier meine ich schon, dass wir die Kinder genau über Ursprung und Bedeutung der Traditionen aufklären sollten. Sie sollen für das spätere Leben ein Bewusstsein bekommen, dass es Unterschiede zwischen der religiösen Bedeutung und einer kommerziellen Vermarktung gibt. Selbstverständlich ist es dagegen sinnvoll, wenn die Kinder etwas über andere Religionen und deren Bräuche erfahren, z. B. das „Zuckerfest" nach dem Ramadam im Islam, das vielleicht in manchen Familien der Kindergartenfreunde gefeiert wird.

Für die Begegnung mit Gott ist das Beten wohl der wichtigste Baustein. Ein gemeinsames Gebet am Tisch oder vor dem Schlafengehen gibt den Kindern das Gefühl des Vertrauens auf Geborgenheit in dieser Welt. Neulich hörte ich im Radio folgenden Satz: „Gott hat eigentlich einen schönen und einfachen Weg der Kommunikation gewählt. Ich kann ihn immer und von jedem Platz der Welt aus erreichen." Lebt man Kindern diese positive Sichtweise und dieses Gottvertrauen vor, wird es sich bestimmt auch in der Lebensweise der Kinder widerspiegeln.

Die wichtigsten Punkte aus diesem Kapitel:

 Kommunikation ist die wichtigste Grundlage für Begegnungen mit Menschen

 Klare Botschaften senden, die beim Empfänger ankommen

 Körpersprache, Sprache und Tun sollten authentisch sein

 Werteerziehung gelingt nur durch das Vorleben der Werte

 Gottvertrauen und ein positives Menschenbild haben

Die didaktische Brille

Comenius sagt: „Daher die goldene Regel für alle Lehrenden: Alles soll wo immer möglich den Sinnen vorgeführt werden, was sichtbar dem Gesicht, was hörbar dem Gehör, was riechbar dem Geruch, was schmeckbar dem Geschmack, was fühlbar dem Tastsinn. Und wenn etwas durch verschiedene Sinne aufgenommen werden kann, soll es den verschiedenen zugleich vorgesetzt werden [...]" (Comenius, 2011). Mit dieser Aussage aus seinem Buch „Große Didaktik" von 1657 beschreibt Comenius genau das, was wir Eltern für die Erziehung und Bildung unserer Kinder leisten können. Wir können ihnen die Gelegenheiten schaffen, die alltäglichen Dinge mit allen Sinnen wahrzunehmen. Dabei sind wir selbst „Didaktiker", was nichts anderes bedeutet, als dass wir uns in der Kunst des Lehrens üben und überlegen, wie wir unseren Kindern etwas am besten übermitteln. In meiner fränkischen Heimat würde man sagen: „Didaktik is des, was mer könn muss, um annere was beizubringe."

Unter einer „didaktischen Brille" verstehe ich einen geschärften Blick für einen alters- und entwicklungsbezogenen Lernprozess, den eine alltägliche Situation in Gang setzen kann. Natürlich stelle ich mir nicht bei jeder Situation Fragen wie: „Was lernt mein Kind daraus? Was kann ich zusätzlich fördern? Wie kann ich zu den entstehenden Fragen Antworten finden?" Es wäre ja absurd, wenn man bei alltäglich wiederkehrenden Ereignissen, wie z. B. dem Zähneputzen, ständig nach dem Sinn, Zweck und dem Lernerfolg fragen würde. In diesem Sinne sollen auch die praktischen Tipps in diesem Buch richtig verstanden werden. Ich will Ihnen Ideen geben und Sie ermutigen, die didaktische Brille für die vielfältigen Fördermöglichkeiten des Alltags aufzusetzen.

„Die didaktische Brille"

Förderaspekte in Alltagssituationen erkennen

Mit Ihren „didaktisch geschulten" Augen werden Sie mit Sicherheit sehr viele Möglichkeiten entdecken, wie Sie mit Ihrem Kind Schulfähigkeit trainieren können. Das Wortfeld „Training – Trainer – trainieren" finde ich für diese Lehr- und Lernsituationen sehr passend, weil es die Grundeinstellung beinhaltet, dass das Kind der handelnde Akteur ist und wir Eltern die Begleiter sind, die es anleiten. In der Lerntheorie spricht man auch von dem Begriff der Kokonstruktion. Das Kind konstruiert seine eigene Welt und wird dabei von seinem „Ko"mpagnon unterstützt. Maria Montessori hat in dem Satz „Hilf mir, es selbst zu tun!" genau diese Form des Lernens beschrieben. In einem Montessori-Elternratgeber gibt die Autorin nach der Lehre Maria Montessoris folgenden Leitfaden für Eltern: „Eltern haben die Aufgabe, die Umgebung des Kindes nicht nur zu pflegen, sondern auch vorzubereiten, damit das Kind Hilfestellung für seine Entwicklung finden kann. Zu viele Reize schaden dem Kind ebenso wie zu viele Gebote und Verbote für den Umgang des Kindes mit den Materialien und Gegenständen in seiner direkten Umgebung" (Becker-Textor, 2004, S. 24). Es liegt also bei uns, dieses Mittelmaß der Bildungsangebote in den Alltagssituationen zu finden, ohne unsere Kinder zu überfordern oder zu unterfordern. Lassen Sie es mich an einem Beispiel konkret machen: Sie möchten für das Abendessen einen bunten Salat vorbereiten. Die Zubereitungszeit ohne kindliche Mithilfe beträgt ca. 15 Minuten, mit kindlicher Mithilfe sicherlich länger. Jetzt gibt es zwei Möglichkeiten und dabei kommt es auch auf Ihre Grundeinstellung an: Mein Kind soll sich 15 Minuten alleine beschäftigen, während ich den Salat mache, oder ich beschäftige mich 30 Minuten mit meinem Kind und wir bereiten gemeinsam den Salat zu. Vielleicht hilft bei der Entscheidung folgende Überlegung: Bei einer Salatzubereitung gibt es vielfältige Aufgaben, die mein Kind schon bewältigen kann: Es könnte Salatblätter rupfen, sie mit Wasser waschen, abtropfen lassen, Paprikastücke in Streifen schneiden usw. Schwierigere Aufgaben, z.B. den Strunk herausschneiden, Zwiebeln würfeln ... bleiben mir überlassen. Das „Helfenlassen" wäre also machbar, ohne dass ich mein Kind überfordere. Ich denke, Sie verstehen, was ich sagen will: Möchte ich die Fördermöglichkeiten des Alltags nutzen, so gilt für mich neben Montessoris „Hilf mir, es selbst zu tun!" auch der Leitgedanke „Lasse das ‚Helfen' des Kindes zu!". Hier passt der Begriff des Trainierens wiederum gut, denn es kostet Kraft, Mühe und Geduld.

In meinem „Salatbeispiel" möchte ich noch eine wichtige Komponente des Lernens hervorheben, die sozial-emotionale Komponente: Das Kind ist bei der Zubereitung nicht für sich allein, es ist in ständiger Interaktion mit mir. Es schneidet die Paprika nicht nur um der Sache willen, es schneidet die Paprika auch für mich. Außerdem ist es sehr stolz, dass es etwas kann und wieder einen Schritt in die Erwachsenenwelt tun darf. Sicherlich läuft der ganze Prozess nicht ohne Kommunikation ab. Fragen wie „Mama, ist die Paprika so richtig geschnitten?" ermöglichen Gespräche, aus denen Kinder Wertschätzung ihrer Arbeit erfahren und Selbstbewusstsein schöpfen. Überlegen Sie selbst, ob das 15-minütige Ansehen einer Kochsendung im Fernsehen das Gleiche bieten könnte.

Fragen brauchen Antworten

„Das lernst du erst später!" oder „Das verstehst du noch nicht!" ... Sind Ihnen solche Aussagen in Ihrem Leben auch schon einmal begegnet und war das nicht frustrierend, dass man bei aller Wissbegier und Neugierde regelrecht ausgebremst wurde? Eigentlich haben Entwicklungspsychologen und Pädagogen schon seit Langem folgende Erkenntnis, auf die sich auch Gisela Lück in ihren Experimentierbüchern beruft: „Jedem Kind kann auf jeder Entwicklungsstufe jeder Lehrgegenstand in einer intellektuell ehrlichen Form erfolgreich gelehrt werden" (Bruner, 1970). Es bedeutet: Kinder können alles verstehen, wenn man ihnen ihre Fragen in alters- und entwicklungsgerechter Form beantwortet. Jetzt liegt natürlich die Kunst darin, diese angemessene Erklärungsweise zu finden. Helfen können uns dabei folgende Überlegungen: Welches Vorwissen hat das Kind schon zu diesem Thema und wo kann ich anknüpfen? Welche Vergleiche aus dem Erfahrungsbereich des Kindes, z. B. „Das ist so groß wie ..." kann ich ziehen? Gibt es die Möglichkeit, einen Versuch oder ein Experiment zu der Fragestellung zu machen?

Man sollte sich auch bewusst werden, dass Kinder im Vorschulalter größtenteils von einem „animistischen Weltbild" geprägt sind (Piaget, 2005, S.157 ff.). Das bedeutet, dass alle Dinge in der Welt des Kindes „lebendig" sind und eine „Seele" haben: Die Wolken am Himmel „blasen" den Wind heraus, das Haar ist „störrisch" und „mag" sich nicht kämmen lassen, die Puppe weint, weil sie Hunger hat. Erst mit der Zeit verdrängt die Sachkenntnis, die durch vielfältige Erfahrungen erworben wird, diese Form der Weltinterpretation. Deshalb kann für Kinder sicher nicht jedes Phänomen rational gedeutet werden, auch animistische Erklärungen sind unabdingbar. Gisela Lück gibt in ihrem Buch folgenden Ratschlag: „In jedem Fall ist es zu begrüßen, wenn Sie bei den Erklärungen auch animistische Deutungen verwenden – und dies aus gleich drei Gründen: zum einen befindet sich Ihr Kind wohl noch in einem Alter, in dem ihm die animistische Weltinterpretation sehr nahe steht; zum anderen intensivieren animistische Erklärungen das ‚affektive Band'; und zum dritten ist es nahezu unmöglich, einen Sachverhalt völlig frei von animistischen Redewendungen zu formulieren" (Lück, 2000, S. 128/129).

Je älter das Kind wird und je mehr Vorerfahrungen es sammeln konnte, desto „bohrender" werden in der Regel die Fragen. Durch die „Explosion" des Wissens stellen Kinder heute sicher auch andere Fragen, als wir sie früher gestellt haben. Fragen wie „Mama, wie ist die SMS auf deinem Handy angekommen?" bringen uns schneller als gedacht an unsere Erklärungsgrenzen. Hier ist es wichtig, ehrlich zu sein und zuzugeben, wenn man etwas nicht weiß oder nicht erklären kann. Aber damit sollte es nicht aufhören. Wenn wir dem Kind unsere Hilfe bei der Suche nach Informationen und Lösungsmöglichkeiten anbieten, leisten wir einen wesentlichen Beitrag zum „Lernen des Lernens". Ein Nachschlagen im Lexikon oder eine Suche mit der Suchmaschine im Internet sind Lerntechniken, ohne die man in Schule und Leben nicht mehr auskommt. Und die Erfahrung, dass auch Erwachsene nicht alles wissen können und immer Neues dazulernen, ist in gewisser Weise sehr beruhigend für das Kind. Es sieht nicht einen Berg von Wissen vor sich, den es niemals erklimmen kann, sondern es erkennt ganz unbewusst: „Ich kann mir auch auf anderen Wegen Informationen beschaffen, die mich wieder ein Stück weiterbringen."

Die Erfahrung des lebenslangen Lernens rückt das schulische Lernen in einen positiven Blickwinkel. In diesem Sinne und als „Vorspann" für die nun folgenden Praxis-Tipps möchte ich das Kapitel mit einem Zitat von Comenius beenden: „Man erleichtert die Arbeit des Schülers, wenn man ihm zeigt, welches der Nutzen von dem, was man ihn lehrt, im täglichen Leben ist. Was frommt es zu lernen, was weder nützt, wenn man es weiß, noch schadet, wenn man es nicht weiß" (Comenius, 2011).

Die wichtigsten Punkte aus diesem Kapitel:

 Durch die „didaktische Brille" erkennt man den Lerneffekt, den eine Situation bieten kann

 Montessoris „Hilf mir, es selbst zu tun!" dient als Leitgedanke für kokonstruktives Lernen

 Mithilfe des Kindes zulassen, auch wenn es Zeit und Mühen kostet

 Animistisches Weltbild im Vorschulalter erschwert das Verständnis rationaler Erklärungsversuche

 Bei Fragen, die man nicht beantworten kann, gemeinsam auf Lösungssuche gehen

Gemeinsam geht es besser – Zusammenarbeit zwischen Eltern, Kindergarten und Schule

Stellen Sie sich einen Spielplatz mit einer Wippe vor. Ihr Vorschulkind steht auf der Mitte der Wippe und rechts und links befinden sich alle an der Erziehung und Bildung Beteiligten. Das reicht von den Eltern, Geschwisterkindern, Verwandten und Freunden bis zu pädagogischen Fachkräften aus Kindertagesstätten und Schulen.

„Die pädagogische Wippe"

Das Kind fühlt sich am sichersten, wenn sich die Wippe im Gleichgewicht befindet oder sich gleichmäßig leicht hin- und herbewegt, weil sich die Beteiligten per Blickkontakt verständigen und mit sanften Bewegungen zum Auf und Ab beitragen. Das Kind fühlt sich selbstbewusst, stolz und sicher, wenn es mit einem Schritt in eine Richtung das Auf und Ab selbst beeinflussen kann. Doch was passiert, wenn auf einer Seite heftig oder unrhythmisch gesprungen wird? Das Kind bekommt Angst, verliert die sichere Balance und kann sogar stürzen.

Ich finde das Bild der „Wippe im Gleichgewicht" für die Entwicklung des Kindes zum schulfähigen Kind fast passender als das viel zitierte „an einem Strang ziehen", denn hier hätte ich eine Wippe im Ungleichgewicht vor Augen. Auf der einen Seite sitzen unten die vielen Begleiter des Kindes und auf der anderen Seite wird das einzelne Kind – ohne Einfluss nehmen zu können – zu einem Höhenflug hochkatapultiert und verliert die sichere Bodenhaftung. Ich würde mir lieber von allen Beteiligten wünschen, dass sie einfühlsam und gemeinsam für die sichere Balance des Kindes Sorge tragen.

Lassen Sie mich ein konkretes Beispiel geben: Die Schulanfänger des kommenden Schuljahres dürfen im Rahmen der Kooperation zum ersten Mal die Schule besuchen und an einer Sportstunde mit den Erstklässern teilnehmen. Die Lehrerin kommt in den Kindergarten, um die Kinder abzuholen. Während andere Kinder sich voller Freude und Aufregung anstellen, klammert sich Manuel, der allen neuen Situationen sehr schüchtern begegnet, an seine Erzieherin und weint, weil er nicht mitgehen möchte. Er kennt die Lehrerin, die Turnhalle und die größeren Schulkinder nicht, weil er noch nicht so lange in der Ortschaft wohnt. Erzieherin und Lehrerin verständigen sich, dass Manuel im Kindergarten bleibt. Später darf er mit der Erzieherin zur Schule laufen, um seine „Vorschulkollegen" dort abzuholen. Als die Mutter Manuel vom Kindergarten abholt, spricht die Erzieherin sie an: „Manuel wollte heute nicht mit zur Sportstunde in die Schule." Die Mutter schämt sich, dass ihr Sohn Schwierigkeiten gemacht hat, und will ihn gleich zur Rede stellen. Die Erzieherin spricht weiter: „Wir sind aber dann gemeinsam hingegangen und haben die anderen wieder abgeholt. Jetzt hat Manuel auch die Schule mal gesehen und weiß, wie es dort aussieht." Und zwischen den Zeilen erreicht die Mutter die Botschaft: „Ich finde das Verhalten nicht schlimm, man sollte es nicht dramatisieren und ich habe die Zuversicht, dass er beim nächsten Mal mitgehen wird." Die Mutter reagiert daraufhin mit den Worten: „Schade, dass du die Sportstunde nicht mitgemacht hast, aber die anderen können dir ja davon erzählen." Ohne große Diskussionen geht sie anschließend wieder zum Alltag über. Ich finde, dass Manuels Begleitpersonen hier sehr einfühlsam reagiert haben und auch mit Augenmaß für das notwendige Gleichgewicht gesorgt haben. Sicher wären andere Reaktionen erforderlich gewesen, wenn sich diese Verhaltensweisen gehäuft hätten, aber Manuel ist beim Unterrichtsbesuch im Folgemonat sehr gerne mit in die Schule gegangen.

Das oben gezeichnete Bild der Wippe im Gleichgewicht beschreibt eigentlich auch die Notwendigkeit der Kooperation mit allen an der Erziehung und Bildung Beteiligten. Wenn Sie sich dazu noch einmal die eingangs beschriebene Definition der Schulfähigkeit in Erinnerung rufen, nämlich dass diese durch verschiedene Faktoren und Institutionen mitbestimmt wird, ist es offensichtlich, dass diese „Parteien" nicht alleine für sich arbeiten, sondern sich miteinander vernetzen sollten. Der erste Schritt dazu ist, dass man von den Tätigkeiten des anderen weiß und an dessen Arbeit Interesse zeigt.

So ist es wichtig, die von Kindergarten und Schule angebotenen Elternabende und Informationsveranstaltungen, wie z. B. „Tag der offenen Tür", anzunehmen und sich dabei über die Vorhaben und die geleistete Arbeit zu informieren. Gleichzeitig gilt es, sich „auf Augenhöhe" zu begegnen und die Arbeit des jeweils anderen wertzuschätzen. Bringen Sie in den „Tür-und-Angel-Gesprächen" beim Bringen oder Abholen des Kindes doch manchmal diese Wertschätzung an: „Mein Sohn hat gestern erzählt, dass Sie … Das finde ich ja toll …" Und wenn es aus Ihrer Sicht einmal Anlass zur Kritik geben sollte, dann können Sie sich in einem Elterngespräch zunächst einmal mit Fragen die Hintergründe erläutern lassen. Nur wenn man sich gegenseitig wertschätzt, kann man ein gemeinsames Grundverständnis von Bildung und Erziehung entwickeln, wodurch – bildlich gesprochen – ein einfühlsames „Auf und Ab der pädagogischen Wippe" mit Abstimmung per Blickkontakt gelingen kann.

Bei den jährlich stattfindenden Entwicklungsgesprächen nimmt sich die Erzieherin wirklich Zeit, ihre Beobachtungen über das Kind zu beschreiben. Sie bekommen dabei ein Bild von Ihrem Kind aus anderer Perspektive. Diese Gespräche sind gerade bezüglich der Schulfähigkeit sehr wichtig, da man als Eltern oft eine sehr subjektive Sichtweise des Kindes hat und deshalb manchmal verunsichert ist, ob man sich mit seinem Kind auf dem richtigen Weg befindet. Nehmen Sie deshalb die Sichtweise und den Rat der Erzieherin sehr ernst, wenn es z. B. um eine vorzeitige Einschulung oder eine Rückstellung geht.

Die wichtigsten Punkte aus diesem Kapitel:

- Erziehungspartnerschaft ist im bildlichen Sinn wie eine Wippe

- Erziehungsbeteiligte sorgen im Blickkontakt für Ausgewogenheit und Gemeinsamkeit in der Erziehung

- Zusammenarbeit erfordert das Wissen über die Arbeit der anderen

- Gegenseitige Wertschätzung ist wichtig

- Die Sichtweise des Kindes aus einer anderen Perspektive (Erzieherin) ernst nehmen und akzeptieren

Schulfähigkeit im Alltag fördern

Schulfähigkeit im Alltag fördern

„Hilfe!
– ... mir es selbst zu tun."

Im Folgenden werden Situationen aus dem Alltagsleben beschrieben, die Förderaspekte für die Schulfähigkeit beinhalten. Um Ihnen eine Idee zu liefern, welche speziellen Schulfähigkeitskriterien dabei unter anderem gefördert werden, stehen diese mit den Symbolen Kopf, Herz, Hand und Mund (vgl. Kapitel „Schulfähig sein – Was bedeutet das?, S. 10") kommentarlos in Klammern dahinter. Natürlich sollen Sie nun nicht bei jedem Schritt denken: „Jetzt fördere ich gerade diese Kompetenz, nun jene ..." Verstehen Sie meine Kommentare einfach als „Putztuch" für Ihre didaktische Brille. Selbstverständlich laufen Dinge im Alltag nicht bei jeder Familie gleich ab. Doch sicher ergeben sich auch in ganz anderen Situationen Fördermöglichkeiten für die Schulfähigkeit. Wie schon eingangs erwähnt, soll dies hier nur ein Ideengeber sein. Eigentlich könnte jedes Kind und jede Familie ein eigenes „Schulfähigkeitsbuch" schreiben.

Im Tagesablauf

Am Morgen

Ich weiß nicht, ob Ihr Kind ein Frühaufsteher ist oder sich bereits zu einem Langschläfer entwickelt hat. Auf jeden Fall ist es wichtig, am Morgen genügend Zeit einzuplanen. Wenn die Familienmitglieder fünf bis zehn Minuten früher aufstehen, beginnt der Tag manchmal für alle Beteiligten entspannter! Am schönsten ist es für ein Kind, wenn es schon beim Wecken oder Aufstehen eine liebevolle Umarmung, ein freundliches „Guten Morgen" oder einen Kuss auf die Wangen bekommt (Umgangsformen). Vielleicht kommt die „kleine Weckmaus" und kitzelt das Kind an der rechten Hand, an der linken Hand, am rechten Fuß, am linken Fuß usw. (mathematische Fähigkeiten: Körpererfahrung).

Da am Wochenende oder im Urlaub die Bettrituale am Morgen oft etwas ausführlicher sein können, bieten sich auch hier viele Anlässe. Vielleicht darf das Kind am Wochenende zum Kuscheln ins Ehebett kommen (Angstfreiheit, Zuversicht) und es ergeben sich Gespräche über alles Mögliche, was während der Woche so los war. Oder man macht gemeinsame Pläne für das Wochenende, manchmal gerät man sogar ins Philosophieren (soziale Kompetenz). Wenn das Kind möchte, darf es ein Buch mitbringen und der Papa liest mit müden Augen noch vor, während die Mama noch ein bisschen schlafen darf (Sprache). Vielleicht ist das Bett groß genug für Morgengymnastik oder einen Purzelbaum des Kindes (Grobmotorik). Wenn man Kindern diese Zeit schenkt, ist es für alle eine gewonnene Zeit und ich verspreche Ihnen, dass auch Sie fit für den Tag sind! Schade, dass nicht immer Wochenende ist.

Nach dem Aufstehen folgen weitere täglich wiederkehrende Rituale. Der Toilettenbesuch wird nicht oft thematisiert und doch ist er gerade im Hinblick auf die Schulfähigkeit von erheblicher Bedeutung. In der Schule ist das Kind vollkommen auf sich allein gestellt und bekommt keine Hilfe mehr für die persönliche Hygiene. Umso wichtiger ist es, dass man zu Hause das selbstständige Abputzen und gegebenenfalls das Reinigen der Toilette mit dem Kind einübt (Feinmotorik, Selbstständigkeit, Gesundheit). Das Betätigen der Spülung und das abschließende Händewaschen sollten von Anfang an zu jedem Toilettenbesuch dazugehören, sodass es für das Kind quasi zu einem Automatismus wird (Anerkennung von Regeln, Umgangsformen). Ähnlich verhält es sich mit der Körperpflege und der Zahnpflege. Hier ist am Anfang und sicher auch noch im Schulkindalter trotz der Erziehung zur Selbstständigkeit die Unterstützung der Eltern erforderlich, damit keine gesundheitlichen Schäden entstehen.

Beim Frühstück

Ein gemeinsames Familienfrühstück ist wünschenswert, aber sicherlich durch die Gegebenheiten der Arbeitswelt nicht überall durchführbar. Doch an den Wochenenden, an denen meistens mehr Zeit zur Verfügung steht, ergeben sich zahlreiche Möglichkeiten am Frühstückstisch, von denen auf der folgenden Seite ein paar aufgelistet sind.

Was kann man tun?	Fähigkeiten, die dabei gefördert werden
Tisch decken	Zählen, 1:1-Zuordnung
Wo steht die Tasse?	Orientierung im Raum, rechts und links unterscheiden
„Kann ich bitte … haben?"	Umgangsformen: „Bitte", „Danke"
Selbst das Getränk eingießen	Selbstvertrauen
	Feinmotorik, Selbstständigkeit
Kakao anrühren	Naturwissenschaftliche Erkenntnis: Löslichkeit von Kakaopulver
Mit dem Messer schneiden	Feinmotorik
	Angstfreiheit, schwierige Aufgaben meistern
Butter/Margarine/Frischkäse/ Marmelade selbst aufstreichen	Ausdauer
	Feinmotorik: Konsistenz erfordert Unterschiede im Druck
Marmelade am Geruch/Geschmack unterscheiden	Sinne schulen: schmecken, riechen
Verpackungen anschauen	Zahlen, Mengenangaben, Buchstaben/ Wörter erkennen
Etwas aus der Zeitung vorlesen, Interessantes besprechen	Informationen gewinnen
	Eigene Meinungen, eigene Gefühle äußern
Einen Apfel schneiden	Mathematische Erkenntnis: Hälfte, Viertel …
Die Brotzeit herrichten und einpacken	Handlungsabläufe, Reihenfolge
	Selbstständigkeit
Sonntagseier anpicksen, kochen, abschrecken	Zählen, 1:1-Zuordnung, Rechnen
	Naturwissenschaftliche Erkenntnis: weiche, harte Eier/Eiweiß, Eigelb
	Feinmotorik
	Selbstvertrauen, auch schwierige Aufgaben meistern
Geschirr stapeln, abtragen, etwas auf einem Tablett tragen	Konzentration, Selbstvertrauen
	Grob- und Feinmotorik, Balance
Sich an Tischregeln halten, Tischmanieren einüben	Anerkennung von Regeln, Umgangsformen
Darüber sprechen, was der heutige Tag bringen wird	Gespräche führen

Fridolin ruft am Frühstückstisch: „Hey, gib mal die Marmelade rüber!" Darauf der Vater: „Fridolin, wie heißt das?" Fridolin: „Okay, die Konfitüre."

Auf dem Weg zum Kindergarten

Der tägliche Weg zum Kindergarten ist die beste Vorbereitung für den späteren Weg zur Schule, auch wenn die Gebäude nicht an der gleichen Stelle stehen. Geht man mit seinem Kind zu Fuß zum Kindergarten, kann man es im Gespräch auf gefährliche Situationen, die im Straßenverkehr entstehen können, vorbereiten und auf Gefahrenstellen hinweisen (Wahrnehmung).

Das Überqueren von Straßen kann ebenso jeden Tag geübt werden. Dabei helfen Merksprüche, wie z.B. „Schau links, rechts, links, geh geradeaus, dann kommst du sicher gut nach Haus!" (Denkfähigkeit, Handlungsabläufe, Selbstvertrauen, Angstfreiheit). Bringt man das Kind mit dem Fahrrad oder mit dem Auto zum Kindergarten, können Verkehrssituationen ebenfalls besprochen werden. Die Bedeutung einer Ampel, eines Zebrastreifens und einfacher Verkehrsschilder (Wahrnehmung, Symbole erkennen) lernt man am besten vor Ort kennen.

Auf dem Weg begegnet man neben Verkehrssituationen oft anderen Gegebenheiten, denen man ein bisschen Zeit zum Betrachten, Beobachten und Besprechen widmen sollte. Bleiben Sie einfach mal eine Minute stehen und geben Sie dem Kind die Zeit zum Entdecken. Die **„Auf-dem-Weg-Entdecker-Liste"** auf der folgenden Seite zeigt nur einen Bruchteil der Vielfalt von Fördermöglichkeiten, die uns die Umwelt bietet. Mit Ihrem geschärften Blick gelingt es Ihnen sicher, entsprechende Förderkriterien zuzuordnen.

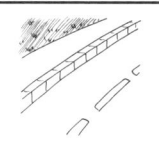

Auf-dem-Weg-Entdecker-Liste

- ein Verkehrsschild, das zeigt, wie man sich verhalten soll, z. B. „gemeinsamer oder getrennter Fuß- und Radweg"
- eine Mauer/ein Holzbalken zum Balancieren
- eine Schnecke, die über die Straße kriecht
- ein Spinnennetz an der Hecke
- eine Straßenlampe, die mit einer Hebebühne repariert wird
- ein Bagger, der die Straße aufgräbt
- ein Müllauto, das die Mülltonnen leert
- ein Kaminkehrer, der auf dem Dach den Kamin reinigt
- Blätter, die durch die Luft wirbeln
- jemand, der seinen Gartenzaun streicht
- ein Hund, der die Straßenlaterne markiert
- ein Getränkelaster, der Kästen aufstapelt
- ein Eichhörnchen, das auf den Baum klettert
- eine Fensterputzfirma, die große Schaufenster reinigt
- eine Schulklasse auf dem Weg zur Bücherei
- eine Werbetafel vor der Bäckerei
- ein Löwenzahn, der zur Pusteblume wird
- ein Kanalreinigungsfahrzeug, das die Kanalisation reinigt
- eine Pfütze, in der Ölschlieren schimmern
- ein Flugzeug am Himmel, das Kondensstreifen zieht
- ein Umzugswagen, der beladen wird
- Vögel, die auf einer Stromleitung sitzen
- der Mond, den man auch am Tag noch sieht
- ein Postangestellter, der einen Briefkasten leert

Jede alltägliche oder ungewöhnliche Situation, der man auf dem Weg hautnah begegnet, gibt die Gelegenheit, Gespräche darüber zu führen. In diesen Gesprächen wird ganz ungezwungen viel Wissen vermittelt, welches das „Weltbild" des Kindes mehr prägt als eine Fernsehsendung, in der es Informationen nur aus zweiter Hand erhält. Und wenn es manchmal „schnell, schnell" gehen muss, lernt das Kind, dass auch in Hektik nicht die Verkehrsregeln gebrochen werden dürfen, dass Sicherheit vor Pünktlichkeit geht und dass ein „Zuspätkommen" eine höfliche Entschuldigung erfordert. Sie sehen also, jede Situation bereitet auf Leben und Schule vor!

Im Kindergarten angekommen

Im Kindergarten geht der erste Gang in der Regel zur Garderobe, in der das Kind seine „Draußenkleidung" ablegt und Hausschuhe anzieht. Hier steht der große Begriff der „Selbstständigkeitserziehung" im Mittelpunkt. Es ist hilfreich für das Kind, wenn Eltern ihm schon sehr frühzeitig das Vertrauen entgegenbringen und die Geduld haben, dass es selbst seine Jacke auszieht und aufhängt, seine Hausschuhe anzieht und die Straßenschuhe dann ordentlich an den dafür vorgesehenen Platz stellt (Feinmotorik, Selbstständigkeit). In der Schule ist es beim An- und Auskleiden später auch auf sich alleine gestellt und so ist die tägliche Übung die beste Vorbereitung.

Bevor es dann in die Gruppe geht, könnte ein gemeinsamer Blick auf den Wochenplan oder den eventuell vorhandenen Speiseplan folgen und man kann dem Kind vorlesen, was es heute zu erwarten hat (Denkfähigkeit, Sprache). Damit wird dem Kind gleichzeitig vermittelt, dass man es selbst und seinen Tagesablauf mit allen bevorstehenden Aufgaben in der Kindertagesstätte ernst nimmt. Kommen andere Kinder und Erwachsene dazu, werden diese, genau wie die Erzieherin später, höflich begrüßt. Ein freundliches „Guten Morgen" begegnet einem heutzutage leider immer weniger, obgleich es keinerlei Mühe kostet (Respekt, Umgangsformen, soziale Kompetenz). Seien Sie einfach Vorbild und legen Sie Wert darauf, dass das Kind mit einer freundlichen Begrüßung der Erzieherinnen seinen Tag in der Kindergartengruppe startet.

Beim Abholen

So wie der Tag mit einer freundlichen Begrüßung begonnen hat, sollte auch eine freundliche Verabschiedung beim Abholen folgen (Umgangsformen, Respekt). Kinder sind oft nach dem Kindergarten sehr müde und wollen einfach nichts erzählen. Deshalb kann man sich die Frage „Was habt ihr denn heute gemacht?" eigentlich sparen. Man muss den Kindern die Zeit geben, das Erlebte zu verarbeiten und auch einmal einfach ruhig zu sein. Wenn es etwas Besonderes zu erzählen gibt, wird Ihr Kind das sicher zu gegebener Zeit tun. Und manchmal brauchen Kinder einfach ihre „Geheimnisse". Dies zu akzeptieren, ist auch ein wichtiger Schritt des „Loslassens" und des „Selbstständigwerdendürfens" (soziale Kompetenz). Sie können sicher sein, dass die Erzieherin das Gespräch mit Ihnen sucht, wenn etwas nicht im „grünen Bereich" verlief.

Allerdings sollte man starkes Interesse an den Mal- oder Bastelarbeiten zeigen, welche oft im Gang des Kindergartens ausgehängt werden. Wenn man fragt: „Welches Bild hast du denn gemalt?", zeigt das Kind sicher stolz sein Meisterwerk. Wenn Eltern sich Zeit nehmen, die „Arbeiten" des Kindes anzuschauen und zu würdigen, erfährt es Wertschätzung für seine geleistete Arbeit und macht sich bewusst: „Ich habe etwas geleistet, ich kann etwas." Das spornt dann für die kommenden Aufgaben an (Leistungsmotivation).

Auf dem Nachhauseweg möchte ich noch eine Situation beschreiben, die man gut zum Anlass für die Schulwegvorbereitung nehmen könnte. Falls man von jemandem nach dem Weg gefragt wird, kann man mit dem Kind im Anschluss über das Thema „Nicht mit Fremden mitgehen" sprechen. Es ist wichtig, dass man den Kindern unaufgeregt und sachlich schildert, wie sie sich verhalten sollen, wenn ein Fremder nach dem Weg fragt. Auf keinen Fall dürfen sie bei Personen, die sie nicht kennen, ins Auto steigen, auch wenn sie mit Süßigkeiten gelockt werden oder wenn die Person behauptet: „Ich kenne dich doch." Zu diesem Thema gibt es einige Bilderbücher oder Broschüren, die bei Fragen der Kinder hilfreich sein können. In der Regel wird darüber auch im Rahmen der Sicherheits- und Verkehrserziehung im Kindergarten mit den Kindern gesprochen (👄 Anerkennung von Regeln, ♡ Selbstvertrauen).

Insgesamt muss man sich bewusst machen, dass die Bring- und Abholsituationen das Kind in seine Aufgaben und Pflichten als „Verkehrsteilnehmer" einführen. Umso wichtiger ist, dass man sich als Erwachsener im Verkehr vorbildhaft und vor allem partnerschaftlich verhält. Dazu gehört, dass man das eventuell beobachtete Fehlverhalten anderer Verkehrsteilnehmer entsprechend kommentiert. Schimpfwörter sollte man dabei allerdings vermeiden, damit das eigene Kind nicht zu den Kindern gehört, von denen andere diese Sprache im Kindergarten lernen.

Die Nachmittagsgestaltung

Nachmittage sehen an verschiedenen Tagen und in verschiedenen Familien sicher sehr unterschiedlich aus. An manchen Tagen gibt es vielleicht zeitlich festgelegte Freizeitaktivitäten, z.B. das Kinderturnen, die musikalische Früherziehung oder ein Fußballtraining. Manchmal gibt es auch einmalige Aktionen wie eine Einladung zum Kindergeburtstag oder der Besuch eines Marionettentheaters. Manche Nachmittage sind in der Gestaltung komplett frei und man kann sie in der Familie verbringen oder man trifft eine Verabredung mit Freunden.

Egal, was auf dem Programm steht, man kann und sollte mit dem Kind die Planung des Nachmittags gemeinsam besprechen. Dadurch erfährt das Kind das Interesse, das man für seine Aktivitäten entgegenbringt (♡ Leistungsmotivation), und es entwickelt sich ein Ordnungsrahmen, der später für die Hausaufgaben hilfreich sein kann (👄 Regeln im familiären Zusammenleben einhalten). Wenn z.B. um 15 Uhr das Kinderturnen ansteht, kann man dem Kind sagen: „In einer Stunde müssen wir los, bis dahin kannst du noch spielen." Man könnte auch auf eine Uhr zeigen und sprechen: „Wenn der kleine Zeiger auf der 3 steht und der große Zeiger auf der 12, beginnt dein Training." Kinder bekommen dadurch die Gelegenheit, ein Zeitgefühl zu entwickeln, und lernen die Uhr Schritt für Schritt kennen (👁 Wahrnehmung). Wichtig ist es, dass man am Nachmittag für genügend Bewegungsmöglichkeiten, insbesondere im Freien, sorgt, damit Kinder gesund bleiben, ihren Bewegungsdrang ausleben können und sich motorisch weiterentwickeln (✋ Gesundheit). Ein Nachmittag sollte nicht unbedingt vor dem Fernseher beginnen. Es gibt zahlreiche Untersuchungen, die feststellen, dass zu viel Medienkonsum sowohl für die körperliche als auch die psychische Gesundheit schädigend wirkt. Keinesfalls möchte ich hier das Fernsehen nur negativ darstellen, da es zahlreiche interessante und von Pädagogen entwickelte Sendungen für Kinder gibt. Es ist mir nur wichtig, dass wir als Erwachsene für das richtige Maß und die Auswahl der Sendungen sorgen.

Aus den vielfältigen Möglichkeiten, wie man den Nachmittag gestalten kann, möchte ich Ihnen eine Möglichkeit, die allerdings jahreszeitlich an den Herbst gebunden ist, ausführlich darstellen. Gehen Sie mit Ihren Kindern doch einfach mal Kastanien sammeln. Sie glauben gar nicht, wie viele Fördermöglichkeiten sich dahinter verbergen! In der folgenden Tabelle finden Sie Ideen, was man mit Kastanien alles machen kann und was dabei gezielt gefördert wird.

Was kann man mit Kastanien tun?	Fähigkeiten, die dabei gefördert werden
Planung: „Wir wollen Kastanien sammeln, was brauchen wir dafür?"	Denkfähigkeit, Handlungsabläufe/ Sprache: eigene Gedanken formulieren Soziale Kompetenz: eigene Meinungen äußern
„Wo gibt es Kastanienbäume?"	Sprache: Anweisungen verstehen Mathematische Fähigkeiten: sich im Raum orientieren Umgangsformen: höflich fragen, bitten, danken
Einen Kastanienbaum aufsuchen	Leistungsmotivation Grobmotorik: laufen/Rad fahren Gesundheit: sich oft und viel bewegen
Einen Kastanienbaum erkennen	Wahrnehmung: Formen erkennen
Kastanien auf dem Boden suchen	Ausdauer, Konzentration Grob- und Feinmotorik
Kastanien, die noch in der Schale sind, öffnen	Zuversicht, Warten auf Bestätigung Grob- und Feinmotorik
Kastanien einsammeln und nach Hause tragen	Grob- und Feinmotorik
Kastanien umfüllen	Mathematische Fähigkeiten: Versuche zur Invarianz Grobmotorik
Kastanien zählen, mit Kastanien rechnen	Mathematische Fähigkeiten: Mengen zählen, Sachrechnen Feinmotorik
Kastanien nach der Größe sortieren	Mathematische Fähigkeiten: sortieren, ordnen, vergleichen
Aus Küchenpapierrollen usw. eine Kullerbahn bauen	Denkfähigkeit: Anleitungen umsetzen Leistungsmotivation Feinmotorik
Bilder oder Symbole aus Kastanien legen/ein Ratespiel machen	Wahrnehmung: Bilder, Symbole erkennen Feinmotorik Anerkennung von Regeln im Spiel

Was kann man mit Kastanien tun?	Fähigkeiten, die dabei gefördert werden
Mit Bohrer und Zahnstochern Kastanientiere basteln	Denkfähigkeit: Handlungsabläufe Ausdauer, Konzentration: bei der Sache bleiben, Arbeiten zu Ende bringen Feinmotorik Anerkennung von Regeln
Eine Kastanienausstellung machen	Denkfähigkeit: Handlungsabläufe Leistungsmotivation: sich über Erreichtes freuen Umgangsformen: bei der Führung durch die Ausstellung
Kastanien verfüttern/einem Förster als Tierfutter geben	Feinmotorik, Gesundheit: sich oft und viel bewegen

Hätten Sie das gedacht, welche Fördermöglichkeiten die Natur uns zur Verfügung stellt? Und ich garantiere Ihnen, dass man damit mehrere Nachmittage verbringen kann. Den Kindern fallen sicher noch mehr Dinge ein, was man mit diesen Naturschätzen machen kann. Sie sind meist kreativer als wir Erwachsenen.

Am Abend

Amelie fragt: „Mama, warum sagt Papa, wenn er von der Arbeit kommt, eigentlich immer Feierabend? Wir feiern doch gar nichts am Abend."

Wissen Sie eine Antwort darauf? Vielleicht hat man ja wirklich einen Grund zum Feiern, weil man wieder einen Tag geschafft hat, die Energie des Kindes in sinnvolle Bahnen zu lenken, und man freut sich nun schon darauf, dass bald das Zubettgehen ansteht. Wenn der gerade nach Hause kommende Elternteil dann noch fragt: „Was habt ihr denn heute gemacht?", und das Kind mit einem lapidaren „Nichts!" antwortet, während einem selbst mindestens zehn Dinge einfallen, sollte man dennoch nicht resignieren. Es ist doch eigentlich eine Auszeichnung für das angebotene „Beschäftigungsprogramm", dass das Kind vieles als alltäglich und nicht besonders erwähnenswert empfindet. Und wenn aus der Sicht des Kindes etwas besonders toll war, können Sie sicher sein, dass das Kind es schon erzählt, bevor die Eingangstür sich schließt. Zurück zum Feierabend: Diesen Begriff haben die Handwerker aus der ursprünglichen Version des „Vorabends vor einem Fest" zur Bedeutung „Ruhe nach getaner Arbeit" gewandelt. In diesem Sinne meine ich auch, dass man mit dem Kind den Tag ausklingen lassen sollte. Es ist sinnvoll, ruhigere Beschäftigungen für die Abendgestaltung zu finden, um „Körper und Geist" wieder zur Ruhe zu bringen. Dafür möchte ich Ihnen einige Vorschläge machen.

Abend-Beschäftigungen zum „Runterkommen"

- ein Abendspaziergang
- eine Runde Fahrrad oder Inlineskates fahren
- Spiel: „Ich sehe was, was du nicht siehst, und das ist …"
- ein Karten- oder Gesellschaftsspiel
- sich ein paar Streicheleinheiten auf dem Sofa gönnen
- etwas auf den Rücken malen und erraten
- eine Igelball-Massage genießen
- etwas Besonderes für das Abendessen vorbereiten
- gemeinsam eine Kindersendung ansehen
- ein Hörspiel anhören
- ein Bilderbuch anschauen oder eine Geschichte vorlesen
- Pflanzen in der Wohnung/im Garten gießen
- gemeinsam Spielsachen aufräumen/wieder einsortieren
- jemanden anrufen und vom Tag berichten
- ein gemütliches Bad nehmen
- sich mit verschlossenen Augen alleine umziehen

Das gemeinsame Abendessen bietet, wie bereits beim Frühstück beschrieben, erneut zahlreiche Möglichkeiten der Förderung. Am wichtigsten erscheint mir jedoch die gemeinsame Zeit am Tisch, um im Gespräch miteinander den zurückliegenden Tag zu reflektieren. Wenn jeder etwas von seinen Erlebnissen erzählen darf, dafür auch „Redezeit" bekommt und andere aufmerksam zuhören, lernt das Kind nicht nur wesentliche Bausteine für die eigene Kommunikation (◇ soziale Kompetenz), sondern auch das Abwarten- und Zuhörenkönnen (◇ Anerkennung von Regeln, ♡ Warten auf Bestätigung).

Bettgehrituale

"Hab meine Sachen wieder gut versteckt, damit ich noch nicht schlafen muss..."

Rituale im Tagesablauf sind für Kinder sehr wichtig. Manchmal sind diese täglich wiederkehrenden Abläufe bewusst geplant, manchmal weiß man gar nicht mehr, wie sie eigentlich entstanden sind, und manchmal hören sie von alleine wieder auf oder werden durch andere ersetzt.

Neben allen Vorgängen des Ausziehens und der Körperpflege möchte ich zwei mir wichtig erscheinende Rituale beschreiben. Es ist für das Kind sehr schön und zudem für das spätere Lesenlernen sehr förderlich, wenn es täglich eine Gutenacht-Geschichte vorgelesen bekommt. Beim Vorlesen werden vielfältige Faktoren angesprochen: das genaue Zuhören (⇒ soziale Kompetenz), die Fantasie des Kindes und das Sprachgefühl (⇒ Sprache/wichtig für das spätere „Aufsatzschreiben"), das Bewusstsein über die Wichtigkeit der Kulturtechnik Lesen, um die Welt zu entdecken (⇒ Sprache), die Freude an den Inhalten der Geschichten und die beruhigende Empfindung, dass der Vorlesende sich am Ende das Tages ganz um mich kümmert (⇒ Angstfreiheit, ⇒ soziale Kompetenz). Auch wenn es zeitlich nicht jeden Tag klappt, gönnen Sie sich und Ihrem Kind das Vorlesen so oft wie möglich!

Für ein Abendgebet gibt es ebenfalls zahlreiche Möglichkeiten. Neben traditionellen Gebeten wie „Müde bin ich, geh zur Ruh ...", kann man mit dem Kind individuell beten: „Guter Gott, ich danke Dir für diesen schönen Tag. Heute habe ich ... Beschütze ganz besonders ..." Bei einer befreundeten Familie durfte ich neulich folgenden Gebetsabschluss hören: „Es grüßt Dich Dein Manuel aus Augsburg!" Diese Form finde ich auch sehr schön, da sie die starke und individuelle Beziehung des Kindes zu Gott betont. Das Gutenacht-Gebet lässt den Tag mit einem positiven Gefühl und im Vertrauen auf Gott ausklingen (⇒ Zuversicht).

Auch wenn es uns Erwachsenen nicht so wichtig erscheint, sind diese immerwährenden Rituale für Kinder von hoher Bedeutung, was natürlich nicht heißen soll, dass es da keine Ausnahmen geben darf. Wenn es z.B. nach einem Familienfest mal später wird, wird das Kind akzeptieren, dass es eine Ausnahmesituation ist, die andere Handlungsweisen erfordert. Ein Lernprozess, der wichtig ist für Schule und Leben.

Seit etwa einem Jahr fragt unsere Tochter täglich als letztes Bettgehritual: „Und wann geht's ihr ins Bett?" Mein Mann und ich haben uns mittlerweile auf die Aussage „in zwei Stunden" geeinigt. Kontrolliert wurden wir glücklicherweise noch nie!

Die wichtigsten Punkte aus diesem Kapitel:

- Vorbildfunktion der Eltern im Alltag, insbesondere bei den Umgangsformen und im Straßenverkehr

- Den Kindern unterwegs Zeit für Beobachtungen geben

- Situationsbezogene Gespräche zur Wissensvermittlung nutzen

- Loslassen können und Geheimnisse der Kinder zulassen

- Feste Rituale im Tagesablauf sind wichtig

Bei besonderen Anlässen

Es gibt in unserem Lebensalltag Situationen, die wöchentlich, monatlich und auch ganz unregelmäßig stattfinden. Blicken Sie gerade bei diesen besonderen Anlässen gelegentlich durch Ihre didaktische Brille, denn hier ergeben sich neue und interessante Fördermöglichkeiten für die Schulfähigkeit des Kindes. Sie können beim Lesen der folgenden Ideenauswahl ab und zu selbst versuchen, bestimmte Förderkriterien zuzuordnen.

Beim Einkaufen

Einkaufen kann recht vielfältig sein. Das geht vom Schuhe- oder Kleidereinkaufen, über Besorgungen beim Baumarkt oder Gartencenter bis zum Lebensmitteleinkauf beim Bäcker, beim Metzger oder im Supermarkt. Lassen Sie mich anhand eines Supermarkteinkaufs einige Aspekte beschreiben, in die Sie die Kinder voll mit einbeziehen können oder in denen Kinder schon ganz selbstständig agieren können. Viele dieser Fördermöglichkeiten lassen sich auch in anderen Einkaufssituationen wiederfinden.

Ein Einkaufswagen wird gebraucht und dafür muss zunächst eine Euromünze oder ein gleich großer Chip als Pfand eingeschoben werden, um die Verbindung zur Wagenkette zu lösen. Zu Beginn des Einkaufs wird manchmal Leergut zurückgebracht. Kinder können schon sehr gut dabei helfen, einzelne Pfandflaschen oder Joghurtgläser in Leergutautomaten zu stecken und den Leergutbon per Knopfdruck anzufordern. In der Obst- und Gemüseabteilung kann man einheimische und exotische Sorten anschauen und über deren Namen oder deren Herkunft sprechen. Zur Begriffsbildung ist es wichtig, die Lebensmittel und Gegenstände wirklich beim Namen zu nennen und auf Fragen der Kinder einzugehen. Beim Abwiegen kann sich das Kind die jeweils angegebenen Ziffern in der richtigen Reihenfolge merken und die einzelnen Ziffern auf der Tastatur eingeben. Kinder sind sehr stolz, wenn sie alleine das Etikett ausdrucken und aufkleben dürfen. An den vielen Lebensmittelregalen können Preise, Gewichtsangaben und Größen verglichen werden. Und wenn man das Kind bittet, sechs Päckchen Milch in den Einkaufswagen zu legen, kommt es automatisch zum Zählen. Förderlich ist es zudem, wenn das Kind einen Auftrag bekommt und alleine etwas aus dem Regal holen darf: „Schau mal, ob du eine Packung von den Haferflocken findest, die wir immer haben." An der Tiefkühltheke ist es interessant zu entdecken, dass an einer gewissen Stelle der Kühltruhe auch sehr warme Luft herauskommt. Und wenn der Einkaufswagen mal gezogen statt geschoben wird, kann man entdecken, dass zwei Räder nur nach vorne und hinten rollen können und die beiden anderen sich in alle Richtungen drehen lassen. Vielleicht darf sich das Kind gelegentlich beim Einkaufen etwas von seinem Taschengeld oder von dem von der Oma geschenkten Euro aussuchen und muss dazu die Preise vergleichen. Zudem muss es lernen, sich an Regeln zu halten und die eigenen spontanen Wünsche zurückzustellen, wenn es bei der „Quengelware" vor den Kassen nicht beliebig zugreifen darf. An der Kasse darf es beim Auflegen mithelfen und vielleicht sogar der Kassiererin den Geldschein hinstrecken und das Rückgeld in Empfang nehmen. In manchen Geschäften gibt es schon „Selbstbezahlkassen". Da ist es für die Kinder eine große Freude, die Gegenstände selbst zu scannen und das Geld in den Automaten einzuwerfen, denn echte Lebenssituationen aus der Erwachsenenwelt sind natürlich noch spannender als das Kaufladenspiel zu Hause. Und wenn das Kind am Ende des Einkaufs noch beim angrenzenden Bäckerladen ganz alleine eine Brezel einkaufen darf, während die Begleitperson vor der Tür wartet, bekommt es gleichzeitig eine große Portion Selbstvertrauen und Selbstbewusstsein mitgeliefert.

Bei den Großeltern

„Großeltern dürfen verwöhnen!" Auch wenn Sie meinen, dass es eigentlich der Erziehungspartnerschaft widerspricht, wenn Kinder bei den Großeltern manches machen dürfen, was zu Hause nicht erlaubt ist, würde ich doch der oberen Aussage zustimmen. Kinder lernen sehr schnell, dass bei den Großeltern andere Regeln gelten als bei den Eltern. Sie bekommen damit das Bewusstsein, dass jede Gruppe und jede Institution ihre eigenen Gesetze und Regeln hat. Diese Erkenntnis ist auch wichtig für die Schule, denn da läuft manches nach anderen Regeln ab als daheim. Am meisten werden Kinder von den Großeltern vor allem dadurch „verwöhnt", dass diese sich in der Regel die Zeit nehmen können, sich intensiv mit den Kindern zu beschäftigen. Und diese Form der „Verwöhnung" ist in meinen Augen sogar sehr wertvoll. Es ist wichtig für die Kinder, dass Erwachsene mit ihnen Gesellschaftsspiele machen oder mit ihnen gemeinsam malen oder basteln. Unsere Tochter ist immer ganz begeistert, wenn Oma sich mit ihr hinsetzt und sie gemeinsam Muster aus Bügelperlen legen. Opa darf die Entwürfe dann bügeln und die entstandenen Werke dienen im Kaufladen als Untersetzer, Plätzchen oder Dekoration. Richtige Meisterwerke können entstehen, wenn Kinder mit ihren Großeltern ausgiebig kneten dürfen. Da werden Männchen geformt, Knetnudeln gemacht oder ganze Blumensträuße geknetet. Und was gibt es Schöneres, als mit Oma leckeren Kuchen oder Plätzchen backen zu dürfen! Vielleicht gibt es im Haus der Großeltern auch noch Spiele, die schon Mama oder Papa gespielt haben. Diese „alten Spielzeuge" müssen sehr pfleglich behandelt werden, da sie besonders wertvoll sind. Die Erkenntnis, dass man mit seinen Sachen sorgfältig umgehen muss, damit sie möglichst lange halten, ist später für den Umgang mit den Schulmaterialien wichtig.

Neben der Beschäftigung mit Bastel- oder Spielmaterialien oder beim gemeinsamen Werkeln in der Küche entstehen häufig wertvolle Gespräche über „Gott und die Welt". Kinder hören meist sehr gerne zu, wenn Geschichten aus dem früheren Leben erzählt werden. Und hierfür sind ja die Großeltern die besten Zeitzeugen, die von ihren eigenen Erlebnissen in der Vergangenheit berichten können. Gesprächsanlässe, wie „Als ich so alt war wie du ..." oder „Als deine Mama im Kindergarten war ..." liefern den Kindern interessante Informationen über die frühere Lebensweise und über ihre eigenen Wurzeln. Wenn Opa dann zu den Erzählungen auch noch eine Kiste mit alten Fotos oder das leicht vergilbte Fotoalbum herbeiholt, sind Kinder oft fasziniert von der anderen Kleidung oder den „altmodischen" Fahrzeugen. Aus diesem Bewusstsein über die Veränderlichkeit des Lebens erschließt sich die Notwendigkeit des lebenslangen Lernens. Und wenn das Kind der Oma dann noch erklären darf, wie man in den CD-Spieler eine CD einlegt, ist es nicht nur stolz, dass es der Oma auch etwas beibringen kann, sondern es erkennt wiederum, dass das Lernen nie aufhört.

Eine schöne Beschäftigungsmöglichkeit ist, dass Kinder sich mit alten Kleidungsstücken und Hüten aus Omas und Opas Kleiderschrank verkleiden dürfen und in die Rolle einer „feinen Dame" oder eines „feinen Herrns" schlüpfen. So kann man auf spielerische Art höfliche Umgangsformen lernen.

Auf Omas Speicher lassen sich manchmal große „Schätze" finden. So ein „Schatz" kann nicht nur aus einer alten Briefmarkensammlung oder einem Schmuckkästchen bestehen, auch eine Kiste mit alten Knöpfen ist ein wirklicher „Schatz" für die Förderung einiger Schulfähigkeitskriterien. Dass Sie den Kindern gar nicht sagen müssen, was sie damit alles machen können, soll Ihnen folgender Bericht einer Kollegin beweisen, die in einer Erzieherinnen-Fortbildung solch eine Knopfkiste mitgebracht hatte. Die Erzieherinnen sollten sich überlegen, welche Beschäftigungsmöglichkeiten sie mit den Knöpfen für die Kinder finden würden. Ein paar Sachen wurden genannt, wie „Sortieren, Figuren legen ..." Als die Referentin dann später dieselbe Knopfkiste einer Kindergruppe übergab, kamen diese auf viel mehr Ideen und es entwickelten sich sogar ganz detaillierte Fragestellungen, wie z. B.: „Kann man durch Knopflöcher etwas sehen?" oder „Kommt durch zwei Knopflöcher mehr Licht oder durch vier?" So viel Kreativität hätten selbst die Erzieherinnen nicht von ihren Kindern erwartet.

Ab und zu ist es für alle Beteiligten schön, wenn die Kinder bei den Großeltern übernachten dürfen. Das gilt natürlich auch für uns Eltern, die dann mal „frei" haben! Für die Kinder stellt dies

53

einen Loslöseprozess von den Eltern dar und sie gehen damit einen weiteren Schritt in die Selbstständigkeit. Und dass es bei den Großeltern auch am Abend noch ein Stückchen Schokolade gibt, würde ich augenzwinkernd als „selbstständig werden auf Verwöhnbasis" bezeichnen.

> *Fridolin darf mit seiner Oma Plätzchen für Weihnachten backen. Sie kleben aus ausgestochenen Plätzchen mit Marmelade Terrassenplätzchen zusammen. Als sein Vater ihn abholt, verkündet er voller Freude: „Papa, wir haben heute Balkonplätzchen gemacht!"*

Beim Spielen mit Freunden

Im Alter von vier bis fünf Jahren entwickelt sich bei vielen Kindern der Wunsch, sich am Nachmittag mit Freunden zum Spielen zu verabreden. Diesem Wunsch sollte man entgegenkommen und den Kindern dabei helfen, die Verabredungen zu treffen. Dies kann natürlich im direkten Gespräch, z. B. in der Kindergartengarderobe, geschehen oder man erlaubt es seinem Kind, die betreffende Familie anzurufen. Selbst wählen dürfen, abwarten, sich vorstellen, dann das Gespräch mit den Eltern der Freunde oder mit den Freunden am Telefon selbst, das Vereinbaren eines Termins und das Verabschieden wollen geübt sein. Bei der Auswahl der Freunde sollte man nicht unbedingt Einfluss nehmen wollen. Kinder haben manchmal andere Freunde, als ihre Eltern für sie aussuchen würden, und das ist auch gut so. Denn sie konnten ja mit den anderen Kindern in der Kindergartengruppe Vorerfahrungen machen, die wir Eltern nicht teilen. Manchmal hätte man für seine Kinder lieber andere Wunschpartner, doch sollte man die Toleranz entgegenbringen, dass sich das Kind seine Freunde, die es einladen möchte, selbst aussuchen darf. Kinder sind unvoreingenommen und legen bei Freundschaften andere Kriterien an als Erwachsene. Und wenn die Chemie zwischen den beiden Spielkameraden wirklich nicht stimmen sollte, merkt man das spätestens am Ende des Nachmittags. Wie in allen Beziehungsangelegenheiten regeln sich da viele Dinge von ganz alleine. Selbst wenn das Kind sich mit einem „Partner Ihrer Wahl" verabredet hat, gibt es keine Garantie, dass das gemeinsame Spiel harmonisch verläuft. Man kann Freundschaften nicht von außen erzwingen. Das Kind braucht auch Gelegenheiten, seine eigene Menschenkenntnis zu entwickeln, und das funktioniert manchmal nur über Versuch und Irrtum. Vertrauen Sie auf die sich entwickelnde Sozialkompetenz des Kindes und seien Sie neuen Spielpartnern gegenüber aufgeschlossen. Damit ist das Kind für den Schulanfang gut gerüstet und findet sich in der Gruppe mit neuen Klassenkameraden schneller zurecht. Sie können mir glauben, dass ich als Grundschullehrerin immer froh war, wenn Kinder in der ersten Klasse nicht schon „gecoacht" waren, neben wem sie sitzen sollten und neben wem nicht. Eine Sitzordnung, die für alle „erträglich" ist, muss sich genauso wie die Klassengemeinschaft erst entwickeln und ist auch jederzeit veränderlich. Da ist es gut, wenn wir Erwachsenen den Kindern vorleben, neuen Personen und Situationen tolerant und offen zu begegnen.

Beim Spielen mit Freunden gibt es natürlich vielfältige Möglichkeiten der Beschäftigung. Zunächst einmal ist es wertvoll, wenn die Kinder sich alleine ins Kinderzimmer zurückziehen und miteinander selbst ausmachen, was gespielt wird. Da darf ruhig einmal die Tür zugemacht werden. Kinder brauchen manchmal ihre eigenen Räume und bauen sich darin ihre „eigene Welt" für die vielfältigen Rollenspiele, die für die Entwicklung der Sozialkompetenz, der Kommunikationsfähigkeit und der Fantasie so wichtig sind. Da richten sich Kinder selbst eine Arztpraxis ein, spielen Schule oder Kindergarten, bauen sich eine Höhle, machen Modenschau und vieles mehr. Die Kreativität der Kinder ist grenzenlos. Für manche Rollenspiele kann man den Kindern im Vorfeld eine „vorbereitete Umgebung" schaffen, in der einige Kriterien der Schulfähigkeit im Bereich des Schriftspracherwerbs und der mathematischen Fähigkeiten besonders gefördert werden. Man kann beispielsweise mit sehr einfachen Mitteln eine „Kinderpost" einrichten. Aus einem Karton wird ein „Postschalter" mit Fenster, Postsymbol und Aufschrift „POST" gestaltet. Dann werden natürlich noch einige Utensilien gebraucht: gebrauchte Briefumschläge, kleine Kartons als Pakete und Päckchen, Urlaubspostkarten der vergangenen Jahre, kleine Aufkleber oder alte abgelöste Briefmarken, ein Stempel, Papier (Blöcke mit Werbung), ein altes Notizheft als „Sparbuch", alte Telefon- oder Kundenkarten als Bankkarten, Kugelschreiber, Stifte, Spielgeld (bekommt man oft kostenlos bei Banken), eine Kasse aus dem Kaufladen oder einfach ein unterteilter Karton und was einem sonst noch in die Hände fällt. Besonders toll ist es für Kinder, wenn sie „echte" Formulare ausfüllen dürfen. Diese findet man in Zeitschriften (z. B. Gewinnspielscheine), in der Wurfpost (Spendenaufforderungen, Lotterriescheine), bei Banken (Einzahlungsscheine, Überweisungsträger ...), bei Lotto-Annahmestellen oder bei der Post selbst (Werbeflyer, Paketaufkleber). Auch ein altes Telefon, ein Telefonbuch, eine gebrauchte Schreibmaschine oder ein Taschenrechner sind wertvolle Gegenstände für die Einrichtung des Postbüros. Jetzt kann es losgehen: Adressen, Hausnummern, Postleitzahlen schreiben, Geld einzahlen und abheben, Lottoscheine ausfüllen, Briefe abstempeln usw. Sie werden sich sicher besonders darüber freuen, wenn bei Ihnen dann bald mit dem „Post-Bobbycar" ein Brief mit der Aufschrift „MAMA 8" (Hausnummer) und dem Namen Ihres Kindes als Absender angeliefert wird.

In ähnlicher Weise lassen sich eine Bank, ein Schreibbüro, ein Reisebüro, ein Bahnschalter, eine Bücherei oder was den Kinder sonst noch an Ämtern und Einrichtungen begegnet, einrichten. Dieses „Nachspielen" der Erwachsenenwelt macht viel Freude und ist gleichzeitig die beste Vorbereitung für unsere Welt. Natürlich gibt es für die Rollenspiele auch Materialien zahlreicher Spielwarenhersteller oder Abbildungen dieser „Welten" in Miniaturform. Auch beim Spielen mit den kleinen Figuren schlüpfen Kinder in die jeweiligen Rollen und führen fiktive Gespräche, die für die Entwicklung der eigenen Kommunikationsfähigkeit bedeutsam sind.

Wenn Kinder sich unbeobachtet fühlen, vertiefen sie sich intensiver als jeder Schauspieler in die jeweiligen Rollen. Geben Sie den Kindern dieses Gefühl des Unbeobachtet-Seins. Ich denke, dass man außerhalb des Kinderzimmers am Geräuschpegel sehr gut erkennen kann, ob noch alles im „grünen Bereich" ist. Es ist gut für die Entwicklung der Teamfähigkeit des Kindes, wenn Erwachsene nicht dauerhaft in das Spielen eingreifen. Wenn es einmal ganz still im Kinderzimmer sein sollte, darf man nach gewisser Zeit sicher anklopfen und fragen, ob alles in Ordnung ist. Das „Sich-alleine-beschäftigen-Können" hängt meist vom Gemütszustand der Kinder und von der Dauer des Nachmittags ab. Man spürt als Erwachsener schnell, wenn die Spielpartner eine Pause oder eine andere Beschäftigungsmöglichkeit brauchen. Es ist für die Kinder dann schön, wenn sie gemeinsam mit Erwachsenen ein Spiel machen oder etwas basteln dürfen. Und am Ende sollte ein gemeinsames Aufräumen den Spielenachmittag beenden. Dabei helfen alle zusammen, jeder packt mit an. So geht es schneller und es kann sogar Spaß machen, wenn man einen kleinen Wettbewerb dabei veranstaltet. Wer Ordnung hält, darf ein anderes Mal auch mal faul sein ... – nämlich beim Suchen.

In der Badewanne

Beim Baden gibt es neben der Körperhygiene noch zwei weitere große Bereiche, die auf spielerische Art gefördert werden können: Man kann zum einen mathematische, naturwissenschaftliche oder technische Phänomene entdecken und zum anderen die Badewanne für die Wassergewöhnung als Vorbereitung zum Schwimmenlernen nutzen.

Schon das Einlassen des Wassers kann Fragen aufwerfen: Wo kommt das Wasser her? Wie kommt es hier in die Badewanne? Wie kriegt es die richtige Temperatur? Sicher ergibt sich irgendwann einmal die Gelegenheit, mit dem Kind im Keller nach den Wasserleitungen, dem Zähler, dem Warmwasserbehälter und der Heizung zu schauen und auf diese Fragen einzugehen. Doch jetzt geht es erst mal in die Badewanne. Die erste Erkenntnis folgt sofort: Beim Einsteigen in die Badewanne steigt der Wasserspiegel, weil der Körper das Wasser verdrängt.

Bevor wir uns weiteren Experimenten zuwenden oder Badezusätze ins Wasser kommen, folgen auf der nächsten Seite noch ein paar **Ideen für Wassergewöhnungsspiele**.

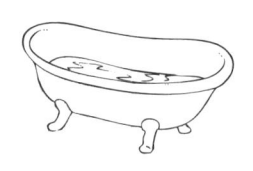

Wassergewöhnungsspiele in der Badewanne

Kannst du …?

- mit den Händen Wasser ins Gesicht/auf die Haare transportieren
- mit den Zehen die Nase waschen
- unter Wasser in die Hände klatschen (Achtung, das spritzt!)
- unter Wasser die Füße aneinanderklatschen
- einen nassen Waschlappen auf den Kopf legen
- mit den Händen das Wasser schieben und Wellen machen
- durch Anwinkeln oder Strecken der Knie/der Füße Wellen machen
- durch Vor- und Zurückbewegen des Körpers Wellen machen
- durch Hineinblasen ins Wasser Geräusche machen
- ein Loch ins Wasser pusten
- ins Wasser eine Melodie summen, die ich erraten kann
- die Luft anhalten und das Gesicht auf das Wasser legen
- durch die Nase unter Wasser ausatmen
- dich mit der Duschbrause auf den Haaren/im Gesicht nass „regnen" lassen
- dich in die Badewanne legen (Wasserstand entsprechend wählen, dass Ohren unter Wasser, Nase/Augen/Mund an der Luft sind)
- eine Drehung um die Körperachse machen
- dich auf dem Bauch ins Wasser legen und mit den Händen Schwimmbewegungen machen
- „Wie hört es sich unter Wasser an, wenn ich spreche, klatsche, im Wasser Bewegungen mache?"

Mit ein paar Behältern, z. B. leeren Shampooflaschen, leeren Seifenspendern, ausgedienten Babyflaschen, Zahnputzbechern etc. kann man diese Spielformen zur Wassergewöhnung noch erweitern, zudem beim Spielen einfache Experimente machen und damit Vorerfahrungen zu den Themen Luft und Wasser sammeln. Dabei müssen Sie dem Kind nicht vorgeben, was es tun soll. Allein durch die Verfügbarkeit dieser Gegenstände wird Ihr Kind ständig neue Ideen finden, was man damit alles machen kann. Erlauben Sie es Ihrem Kind dann noch ab und zu, den einen oder anderen Badezusatz zu verwenden, wie z. B. Badeschaum, Shampoo, Badesalz oder eventuell sogar Malseife und Badewasserfarben, ergeben sich immer wieder neue faszinierende Möglichkeiten. So hat mich unsere Tochter bereits mit selbst gemachtem „Cappuccino" beglückt, braut „Bier" mit Schaum in der Wanne und sie braucht öfters einen Waschlappen, weil der „Apfelsaft" noch filtriert werden muss.

Auch wenn man auf Bademittel verzichtet, wird spätestens beim finalen Haarewaschen Schaum produziert, aus dem man eingeschlossene Luftblasen wieder „freilassen" kann. Der Schaum kann zudem interessante Formen auf der Wasseroberfläche annehmen, vor allem, wenn man mit dem Finger etwas hineinmalt. So werden beim Baden körperliche Hygiene und Entspannung mit Spaß am Spiel, Kreativität, Freude am Experimentieren und mit grundlegenden naturwissenschaftlichen Erfahrungen verbunden.

In der Bücherei

Eine lesefreundliche Umgebung zu Hause schafft optimale Bedingungen, damit aus dem Kind später ein guter und begeisterter Leser wird. Zu einer „lesefreundlichen Umgebung" gehören der häufige Zugang zu Büchern, dass das Kind viel vorgelesen bekommt und sieht, wenn auch Eltern und Geschwister gerne einmal ein Buch zur Hand nehmen. Ein chinesisches Sprichwort sagt: „Du öffnest ein Buch, das Buch öffnet dich." Jede Form der Lektüre ist sowohl inhaltlich als auch im Hinblick auf den Schriftspracherwerb ein Lernprozess. Und damit einem das Material nicht ausgeht, stehen in vielen Städten und Gemeinden gut sortierte Bibliotheken zur Verfügung, die man rege nutzen sollte.

Für den Besuch einer Bücherei selbst sollte man ein bisschen Zeit einplanen, damit das Kind genügend Muse zum Stöbern, Anschauen und Auswählen hat. Wichtig ist es, dass man mit dem Kind das Ordnungssystem in der Bibliothek bespricht, damit es sich gut zurechtfindet. Es soll wissen, wo es altersgemäße Sachbücher, Bilderbücher, CDs etc. finden kann und wo es die Bücher ungestört anschauen kann. Oft gibt es dort Computer mit geeigneter Software für Kinder oder mit Zugang zum Internet. Der Umgang mit diesen Medien erfordert anfangs sicherlich die Einführung durch einen Erwachsenen. Im Sinne des Lernen-Lernens ist es sinnvoll, diese Medien gemeinsam gezielt zu nutzen, z. B. für die Suche nach Büchern zu einem bestimmten Thema. Manchmal bieten örtliche Büchereien Informationsveranstaltungen oder Führungen für Kinder an. Häufig gibt es auch feste „Vorlese-Nachmittage" für Kinder, an denen das Fachpersonal die Bücher mit den Kindern im Dialog vorliest. Solche Gelegenheiten machen viel Freude und sind wertvolle Bausteine für die Leseerziehung.
Weitere Aspekte des Büchereibesuchs sind das Einhalten der Regeln in der Bücherei, das ruhige Verhalten, um andere Leser nicht zu stören, das ordentliche Einräumen der herausgezogenen Bücher und letztendlich der pflegliche Umgang mit dem Buch selbst.

Dass man in der Bücherei vielen Buchstaben und Zahlen begegnet, ist offensichtlich. In den Regalen sind Bücher oft nach dem alphabetischen Prinzip geordnet. Auch wenn die Kinder das Abc noch nicht können, kennen sie vielleicht schon den einen oder anderen Buchstaben aus ihrem Namen und erkennen, dass das Alphabet als Ordnungssystem hilft. Dies ist später für das Nachschlagen im Wörterbuch oder Lexikon wichtig. Für die Begegnung mit Zahlen gibt es ebenso einige Möglichkeiten. An den Regalen stehen manchmal Hinweise, wie z. B. „Kinder 3–6 Jahre". Man kann zählen, wie viele Seiten ein Bilderbuch hat. Bei der Auswahl der Bücher muss man natürlich auch mitzählen, wenn die Mama erlaubt hat, dass man heute acht Bücher ausleihen darf. Und wenn das Kind dann stolz seine ausgewählten Bücher zur Bibliothekarin an die Ausleihtheke bzw. den „Ausleihautomat" bringt, kann es weitere Merkmale des Ordnungssystems sehen: vielleicht ältere Karteikarten, das moderne Scannen mit der Ausleihkarte und dem Strichcode auf dem Buch sowie den Hinweis, dass die Bücher bis zu einem bestimmten Datum in vier Wochen zurückgebracht werden müssen. Das Kind bekommt hier ein Gefühl für den Begriff des „Ausleihens": Ich bekomme von jemandem etwas, muss es sorgfältig behandeln und im gleichen Zustand wieder zurückgeben.

So verbinden sich durch den Besuch der Bücherei vielfältige Fördermöglichkeiten im Bereich des Lesens und der sogenannten „Literacy"-Erziehung (damit ist der Umgang mit Büchern und Texten als Kulturgut gemeint). Außerdem werden die Bereiche „Regeln einhalten" und „Ordnung halten" mit einbezogen.

Auf dem Spielplatz

Viel Bewegung im Freien ist nicht nur für die Gesundheit sehr wichtig, sondern auch für die motorische Entwicklung förderlich. Der Nebeneffekt, dass die Kinder abends müde sind und gut schlafen, sollte ein weiterer Anreiz für uns Eltern sein, mit den Kindern möglichst viel Zeit an der frischen Luft zu verbringen. Kinderärzte beobachten seit einigen Jahren bei den Einschulungsuntersuchungen, dass der Anteil der Kinder mit Defiziten im motorischen Bereich zunimmt. Die hohe Zahl der Überweisungen zur Ergotherapie im Vorschulalter sollte uns wirklich wachrütteln, Kindern diese vielfältigen Bewegungsmöglichkeiten im Alltag zu bieten. Da nicht alle Kinder in ländlicher Umgebung mit Bäumen zum Klettern aufwachsen, bieten alternativ die überall vorhandenen Spielplätze dafür unbegrenzte Möglichkeiten. Zum einen hat fast jeder Spielplatz einen Sandkasten, in dem beim Schaufeln, Sieben, Löchergraben und Sandkuchenbacken auf sehr einfache Weise die Feinmotorik geschult wird. Meist ist ein Klettergerüst vorhanden, an dem geklettert, gehangelt, gehängt oder geturnt werden kann, was der Förderung der Grobmotorik gut tut. Und gibt es auf dem Spielplatz eine Wippe, können ganz nebenbei noch die physikalischen Hebelgesetze am eigenen Körper erfahren werden. Neben allen motorischen und gesundheitlichen Förderaspekten trifft man auf dem Spielplatz natürlich oft Bekannte und Freunde. Wenn anfangs noch die Eltern die Spielpartner der Kinder im Sandkasten sind, wird mit zunehmendem Alter auch mit anderen Kindern gespielt. Kinder lernen dabei viel voneinander. Voller Bewunderung sehen jüngere Kinder oft den Älteren zu, wenn sich diese schon am Klettergerüst entlanghangeln können oder sich an der Reckstange aus dem Stütz abrollen können. Kinder schauen sich die Bewegungsabläufe ab und sind hoch motiviert, diese ebenfalls zu lernen. Wie groß ist dann erst die Motivation, wenn man etwas Neues erlernt hat und es den Eltern vorführen darf!

Manchmal gibt es auf dem Spielplatz Auseinandersetzungen, die bewältigt werden müssen. Meistens geht es dabei um die Reihenfolge beim Anstehen an der Schaukel oder an der Rutschbahn. Ich konnte auf Spielplätzen und auch beim Mutter-Kind-Turnen einige Male beobachten, dass manche Kinder sich immer vordrängen, während andere brav in der Reihe stehen und auf ihren Einsatz warten. Manche Eltern greifen in diesen Situationen nicht ein. Vielleicht möchten diese Eltern, dass sich das Kind von klein auf mit „dem Ellbogen" in der Gruppe durchsetzen lernt. Ich habe für mich – vielleicht durch meinen Beruf bedingt – beschlossen, dass ich nicht „wegschaue", sondern die Kinder gezielt anspreche und mit einem „immer schön der Reihe nach" auf das richtige Verhalten hinweise. Und das tue ich nicht nur, wenn mein Kind davon betroffen ist, weil es anständig in der Reihe wartet. Auch bei Fremden erinnere ich an die Regeln des gesellschaftlichen Zusammenlebens. Ich möchte Sie dazu ermutigen, nicht die Kultur des Wegsehens zu pflegen, sondern Dinge offen anzusprechen und mit dafür zu sorgen, dass wir in unserer Gesellschaft die Regeln des Miteinanderlebens anerkennen und einhalten.

Dass es dazu ein gewisses Maß an Zivilcourage braucht, zeigt folgendes Erlebnis, das mir passiert ist. Auf dem Nachhauseweg von der Schule sah ich ein älteres Kind, welches gerade ein zerknülltes Papier in eine Hecke des benachbarten Spielplatzes warf. Ich sprach das Kind an und fragte: „Warum wirfst du den Müll in die Hecke? Dafür gibt es doch Abfalleimer." Noch bevor das Kind mir antworten konnte, sprach mich dessen Mutter von hinten an, was mir einfiele, mich in Dinge einzumischen, die mich nichts angingen. Ich antwortete ihr, dass es mich sehr wohl etwas anginge, wenn unsere Umwelt verschmutzt wird. Die Mutter gab nicht nach und meinte, was mich dazu legitimiere, andere zu maßregeln. Ich konnte darauf nur sagen: „Ich bin hier Lehrerin an der Schule und ich möchte unsere Kinder dazu erziehen, sich an die Regeln des Zusammenlebens zu halten und das sollten Sie auch tun." Ohne Worte hob das Kind in der Zeit das Papier wieder auf und trug es zum Abfalleimer. Auch die Mutter war sprachlos. In meinem Kopf kreiste noch lange der Satz meiner eigenen Grundschullehrerin, die mir für meinen Beruf als Lehrerin Folgendes mit auf den Weg gab: „Eigentlich muss man nicht die Kinder, sondern die Eltern erziehen!" Wie recht sie doch hat. Auf jeden Fall möchte ich unsere Kinder dazu bringen, sich für die Einhaltung von Rechten und für den Schutz Schwächerer einzusetzen; und dazu sehe ich mich als Vorbild. Dafür bieten manche Situationen, die man auf Spielplätzen erlebt, quasi das Übungsterrain für das „richtige Leben".

Der eigene Geburtstag

Die Vorfreude auf den eigenen Geburtstag ist wohl zum einen geprägt durch das Bewusstsein „Ich werde ein Jahr älter und gehöre dann zu den Größeren" und natürlich zum anderen durch die Freude auf das Fest, bei dem man ganz im Mittelpunkt steht und meist reichlich beschenkt wird. Kinder sind daher begeistert, wenn man sie in die Vorbereitungen mit einbezieht. Schon einige Wochen vor dem Ereignis kann ein Wunschzettel gemalt, aus Katalogen ausgeschnitten oder vielleicht sogar schon selbst geschrieben werden. Dann wird überlegt, wer zum Kindergeburtstag eingeladen werden soll. Bewährt hat sich die Formel, so viele Kinder einzuladen, wie alt das Kind wird, doch natürlich funktioniert das nicht immer.

Vielleicht soll die Party ein Motto haben, z. B. Piraten- oder Prinzessinnenfest? Bei der Gestaltung der Einladungskarte kann das Motto für die Party berücksichtigt werden, indem das Kind Bilder malt oder aufklebt. Selbstverständlich spielt das Alter in der Einladung eine wichtige Rolle. Für den fünften Geburtstag kann man beispielsweise sehr einfach mit Wasserfarben einen Handabdruck machen. Schneidet man vorher noch aus Papier oder Karton eine „5" aus und legt diese spiegelverkehrt in die Handfläche, so entsteht eine sehr schöne und individuelle Einladungskarte. Ihr Kind hat gleichzeitig die Ziffer „5" und die Menge der Finger einer Hand kennengelernt sowie erfahren, was spiegelverkehrt bedeutet. Zudem hat es den Umgang mit Wasserfarben geübt, mit einfachen Mitteln „gedruckt" und gelernt, dass man beim Drucken schnell, genau und mit der richtigen Farbkonsistenz arbeiten muss, damit die Farbe nicht verläuft oder vorher schon vertrocknet. Natürlich gibt es Tausende von anderen Möglichkeiten, die Einladungskarte zu gestalten. Auf jeden Fall ist jede selbst gemachte Karte individueller, meist sogar kostengünstiger und durch den eigenen Herstellungsprozess förderlicher für das Kind.

Rückt das Fest näher, kann man sich gemeinsam eine Dekoration für den Tisch und den Raum überlegen und basteln, Tischkarten gestalten und „Tütchen" für Preise oder „Mitgebsel" herstellen. Dem Kind macht es in der Regel viel Freude, wenn es selbst ein paar Naschereien oder Dinge auf die Tüten verteilen darf. Es lernt damit gleichzeitig die wichtigen mathematischen Prozesse der 1:1-Zuordnung und des Verteilens. Zudem ist es eine sehr gute Vorbereitung für das spätere Sachrechnen, wenn das Kind selbst handelnd entdecken darf, dass jeder zwei Bonbons bekommt, wenn man 12 Bonbons auf 6 Tüten verteilt.

Am Vortag kann gemeinsam der Geburtstagkuchen gebacken und verziert werden. Auch hier darf die Zahl, die vielleicht aus Smarties oder Gummibärchen gelegt wird und dann schnell auf den Schokoguss gedrückt wird, nicht fehlen. Und dann werden noch die Kerzen aufgesteckt, die vorher natürlich genau abgezählt werden müssen. Je älter das Kind wird, desto mehr kann man es bei diesen vorbereitenden Tätigkeiten mit einbeziehen. Bei der Auswahl der Spiele für die Geburtstagsfeier äußern Kinder mit zunehmendem Alter immer mehr Wünsche. Manchmal haben sie bei anderen Kindergeburtstagen oder im Kindergarten Spiele kennengelernt, die sie gerne spielen möchten. Dann gilt es, dieses Spiel genau zu beschreiben und zu überlegen, welche Utensilien dafür gebraucht werden. Erinnern Sie sich noch an die „geliebte" Vorgangsbeschreibung in Ihrer Schulzeit? Hier bekommt Ihr Kind die beste Vorbereitung dafür und hat noch Spaß dabei.

Ist der Geburtstag endlich da, darf das Kind an diesem besonderen Tag ganz im Mittelpunkt stehen. Das Kind fühlt: „Alle freuen sich mit mir, dass ich geboren wurde, dass ich älter und größer werde und dass ich Teil dieser Welt bin." Dadurch erfährt es Wertschätzung, Selbstbewusstsein und Freude an seinem Dasein. Auch der Umgang mit der Aufregung vor und an diesem besonderen Fest stellt für die Familie eine Herausforderung dar. So hört man häufig, dass gerade das Geburtstagskind durch die ganzen Aktionen am Kindergeburtstag von Gefühlen überrollt wird und teilweise überfordert ist, mit verschiedenen Situationen umzugehen. Nicht selten gibt es an Kindergeburtstagen deshalb Tränen oder sogar Zornausbrüche des eigenen Kindes, weil es vielleicht einmal bei einem Spiel nicht im Mittelpunkt steht oder weil einer der Gäste andere Vorstellungen von den Spielregeln hat. Hier heißt es, Ruhe zu bewahren, das Kind aus dieser Situation bewusst herauszunehmen, vielleicht ein beruhigendes Gespräch zu führen und vor allem im Nachhinein nicht zu viel in den „Aussetzer" hineinzuinterpretieren. Das Kind ist deshalb genauso team- und sozialfähig. Es gehört auch zum Lernen von Selbst- und Sozialkompetenz dazu, dass man seine Gefühle, in diesem Fall vielleicht das Gefühl der Überforderung, offen zeigen darf.

Aber trotz aller „Turbulenzen" werden auf jeden Fall die freudvollen Momente des eigenen Geburtstags überwiegen. Und wenn so ein Kindergeburtstag vorüber ist, kommt die Erleichterung und Freude der Eltern darüber, dass man es „geschafft" hat, das Kind wieder ein Stück auf seinem Weg ins Leben begleitet zu haben. Wenn Sie dann noch bedenken, was Sie alles für die Schulvorbereitung Ihres Kindes geleistet haben, dürfen Sie wirklich mit einem Glas Sekt darauf anstoßen.

Familienfeste

Egal ob Geburtstage, Taufen, Hochzeiten oder andere Jubiläen – Familienfeste bieten neben der Freude am Feiern auch zahlreiche Förderaspekte, insbesondere auf der Ebene der sozialen und emotionalen Fähigkeiten. Zunächst ist es das Zusammentreffen der Großfamilie an sich. Man kommt mit Erwachsenen und Kindern zusammen, die man entweder sehr gut kennt oder die man vielleicht nur selten vorher gesehen hat. Diese Begegnungen spiegeln das Zusammentreffen in einer Schulklasse wieder. Auch da wird es neue und alte Bekannte geben und man muss sich in kürzester Zeit mit ihnen arrangieren. Da gilt es, Strategien der Kontaktaufnahme zu üben und mit seinem Gegenüber in Kommunikation zu treten. Kinder entwickeln meist schnell ein sehr gutes Gespür dafür, mit wem sie etwas unternehmen oder spielen möchten, bei welchem Partner also „die Chemie stimmt". Gerade hierfür sind Familienfeste ein gutes Trainingsfeld. Denn meist trifft man sich ja unter „glücklichen" Umständen und es gelten besondere Regeln, man darf z. B. länger aufbleiben oder auch am Abend noch etwas Süßes zum Nachtisch naschen. Unsere Tochter traf im Alter von vier Jahren einmal auf einer Hochzeit auf ein gleichaltriges, für sie wildfremdes Mädchen. Schon am Nachmittag waren beide unzertrennlich, abends tanzten sie jeden Tanz mit und waren „ein Herz und eine Seele", bis wir Elternpaare die beiden Freundinnen weit nach Mitternacht gemeinsam unter eine Decke legten uns sie Hand in Hand einschliefen. Wir Erwachsene waren sehr erstaunt, wie aufgeschlossen Kinder für andere sind und wie schnell sich eine vertrauensvolle Partnerschaft entwickeln kann. Solche Erlebnisse sind meiner Meinung nach für Kinder wichtig, da sie entdecken, dass sie auch in einem neuen Umfeld, z. B. in der Schule, Freunde finden können, die mit ihnen durch „dick und dünn" gehen.

Bei den Festen gibt es oft ein Festmahl, das nicht selten in Buffetform ist. Hier sind Benimmregeln gefragt, man muss sich in einer Reihe anstellen, man darf nicht alles mit den Fingern anfassen, man nimmt nur so viel, wie man essen kann usw. Vor allem lernt das Kind, mal ein bisschen abzuwarten, was ihm in der Schule auch ständig widerfahren wird: warten und Geduld haben, bis die Lehrkraft etwas erklärt hat, bis sich alle zum Sport angestellt haben, bis bei jedem Schüler der Haken unter der Hausaufgabe ist, bis ein Mitschüler ausgeredet hat oder bis man endlich einmal „drankommt", obwohl man sich schon so lange gemeldet hat. Wenn Kinder im Familienleben gelernt haben, diese Geduld aufzubringen, arrangieren sie sich in der Regel auch mit den zwanzig und mehr Mitschülern, mit denen sie die Aufmerksamkeit der Lehrkraft teilen müssen.

Nicht nur das Familienfest selbst, sondern schon die Vorbereitungen dazu bieten weitere Möglichkeiten der Förderung. Eine schöne Aufgabe ist es, mit dem Kind ein Gedicht zum Aufsagen oder ein Lied zum Vorsingen zu lernen. Damit begegnet das Kind beim Auswendiglernen nicht nur einer späteren schulischen Arbeitsform und trainiert die Merkfähigkeit, sondern es gehört natürlich auch eine große Portion Mut dazu, das Eingeübte später vor allen zu präsentieren. Denken Sie an das Lampenfieber, dass Sie selbst vor Referaten in der Schule hatten. Auch der Umgang damit will geübt sein. Und wie stolz ist das Kind, wenn es seine Leistung gebracht hat, sich die Verwandtschaft über das schöne Gedicht freut und es einen Riesenapplaus bekommt.

> *Bei einer Geburtstagsfeier werden zum Sektempfang Lachshäppchen gereicht. Manuel scheinen diese gut zu schmecken. Er geht zur Bedienung und sagt: „Ich möchte gerne noch mal Lackwurst."*

Bei einem Ausflug

„Reisen bildet", das ist eine Weisheit, die uns nicht nur große Persönlichkeiten wie Alexander von Humboldt oder Johann Wolfgang von Goethe mitgegeben haben. Es ist offensichtlich, dass jeder, sei es noch so kleiner Ausflug, uns mit neuen Erfahrungen bereichert, da man sich in seine Umwelt begibt und dort immer wieder neue Sachen entdeckt. Ein Spaziergang durch den Wald bringt zu verschiedenen Jahreszeiten immer wieder andere Eindrücke. Man sollte immer eine Tüte dabeihaben, damit die Kinder „Schätze" sammeln können. Im Herbst finden sich verschiedene Früchte und Samen wie Eicheln, Bucheckern oder Zapfen von Nadelbäumen. Ihr Kind kann sich aus Ahornsamen „Nasenzwicker" aufsetzen oder beobachten, wie sich der Samen propellermäßig fortbewegt, wenn man ihn in die Höhe wirft. Die schönsten Blätter in verschiedenen Farben und Formen können gesammelt und unterschiedlichste Gerüche des Waldbodens wahrgenommen werden. Und wenn Sie sich mit Ihrem Kind die Schichten des Waldbodens einmal genauer anschauen, indem Sie das Laub zur Seite schieben, ergeben sich Einblicke in die Kreisläufe unserer Natur. Haben Sie neben der Sammeltüte eventuell noch eine Becherlupe eingesteckt und Ihr Kind findet ein kleines krabbelndes Tier, wird aus dem Waldausflug ein richtiger „Forschertag" mit einem begeisterten kleinen Entdecker.

Auf einer Fahrrad- oder Inlinertour lässt sich ebenso Neues entdecken und erfahren. Motorisch wird das Halten des Gleichgewichts geübt und die aufrechte Haltung trainiert. Ihr Kind übt seine Ausdauer, muss sich konzentrieren und darf nicht beliebig in der Gegend herumschauen. So erfährt es wichtige Dinge über das sichere Verhalten im Straßenverkehr.

Natürlich ist es interessant und lehrreich, wenn man mit seinen Kindern ab und zu besondere Ausflüge macht. Sie können einen Tierpark besuchen, auf einem Barfußpfad wandern, ein Freilandmuseum besichtigen, in eine Höhle gehen oder was die Gegend sonst noch zu bieten hat. Im Sommer gibt es sicher einen Badesee in der Nähe, vielleicht mit der Gelegenheit zum Tretbootfahren. Museen aller Art sind für Kinder faszinierend, vor allem, weil sie dort Gegenstände entdecken können, die aus früheren Zeiten stammen. Besonders eindrucksvoll ist der Besuch von Kirchen. Oft gibt es dort farbige Fenster, biblische Gemälde oder Darstellungen von Heiligen. Und nicht zuletzt ist es ein schönes Erlebnis für Kinder, wenn sie z. B. zu Ehren Marias eine Kerze anzünden dürfen. Dass dabei nicht nur der Umgang mit Feuer geübt wird, sondern auch Gesprächsanlässe zu Glaubensfragen entstehen, ist offensichtlich.

Ihnen fallen sicher noch viele Ausflugsmöglichkeiten ein, die Ihren Kindern vielfältige Möglichkeiten bieten, mit offenen Augen ihre Welt zu entdecken. Es muss nicht immer die teure Fernreise sein. Oft sind es die kleinen Dinge in der nahen Umgebung, die für die Kinder am interessantesten sind. Als wir mit unserer Tochter ein paar Tage Urlaub in der Schweiz machten und mit ihr auf Bergausflügen Murmeltiere entdeckten, an einem Gletscher wanderten, Zahnradbahn und Gondel fuhren, Steine sammelten und vieles mehr, fragte ich sie nach dem Urlaub, was sie denn am schönsten fand. Ihre Antwort: „Das Schönste war, als wir mit dem Auto um den Kreisverkehr gefahren sind und eine Dusche bekommen haben." (Der Rasen auf der Verkehrsinsel wurde gerade gewässert.) Diese Erfahrung hätten wir ihr auch vor der Haustür bieten können. Mit einem Augenzwinkern und einem Zitat von Johann Wolfgang von Goethe möchte ich dieses „Ausflugskapitel" beenden: „Das ist das Angenehme auf Reisen [und Ausflügen – Anmerkung der Autorin], dass auch das Gewöhnliche durch Neuheit und Überraschung das Aussehen eines Abenteuers gewinnt." In diesem Sinne: Auf zu neuen Abenteuern!

Auf einer langen Autofahrt

Manchmal bleibt es nicht aus, dass man eine längere Strecke im Auto verbringen muss. Da Kinder mit zunehmendem Alter weniger im Auto schlafen, sollte man sich etwas gegen die Langeweile überlegen. Kinder hören eine Zeit lang gerne Musik an. Am Anfang sind es meist Kinderlieder, welche das Kind immer wieder hören will, bis sie sogar der Papa schon laut mitsingen kann. In unserer Familie sind wir bei unserer sechsjährigen Tochter mittlerweile schon bei deutschsprachigen Schlagern wie „Da hat das rote Pferd …" oder bei Liedern aus den Charts angelangt, was das gemeinsame Anhören wesentlich angenehmer macht. Auf jeden Fall macht das Hören und Mitsingen viel Spaß und ist für die sprachliche Entwicklung sehr förderlich.

Des Weiteren gibt es eine ganze Menge von Spielen, die gegen Langeweile helfen und kognitive Fähigkeiten besonders fördern. Probieren Sie doch einmal auf Ihrer nächsten längeren Autofahrt ein paar Spiele der folgenden Liste aus!

Schlaue Spiele auf langen Autofahrten (1)

Schätz- und Zählspiele

- Wie viele rote (blaue, weiße ...) Autos kommen uns in den nächsten fünf Minuten entgegen?
- Wie viele Lkws überholen wir bis zur nächsten Autobahnausfahrt?
- Wie viele Wohnmobile sehen wir bis zum nächsten Rastplatz?
- Unter wie vielen Brücken fahren wir in den nächsten zehn Minuten durch?
- Welche Autofarbe sehen wir in den nächsten fünf Minuten am häufigsten? 
- Wie viele Reifen hat der nächste Lkw, den wir überholen?
- Wie lange dauert es, bis wir ein Fahrzeug aus einem bestimmten Land sehen?
- Wie viele Fahrzeuge einer bestimmten Marke kommen uns bis zur nächsten Ausfahrt entgegen?
- Wie viele Personen sitzen in den nächsten vier Fahrzeugen, die wir überholen?

Entdeckerspiele

- Wer sieht auf einem Lkw den Anfangsbuchstaben von seinem Namen?
- Wer entdeckt eine bestimmte Ziffer auf einem Autokennzeichen?
- Wer sieht zuerst ein Wohnmobil aus Holland? 
- Wer entdeckt ein farbiges Nummernschild?
- Wer sieht eine Notrufsäule?
- Wer entdeckt ein Auto, in dem vier Personen sitzen?
- Welche Automarke kommt uns entgegen?

Schlaue Spiele auf langen Autofahrten (2)

Sprachspiele

- Wörter finden, die mit dem gleichen Buchstaben beginnen, der auf dem Kennzeichen des Autos vor uns zu sehen ist
- Namen/Tiere/Berufe mit einem bestimmten Anlaut finden (wie Stadt/Land/Fluss)  
- Reimwörter suchen
- Zusammengesetzte Namenwörter finden, die z. B. mit „Auto" beginnen: Autobahn, Autogarage, Autofahrer …
- Abwechselnd zusammengesetzte Namenwörter finden, die jeweils mit dem letzten Wort des Vorgängers beginnen: Autobahn – Bahnhof – Hoftor – Torschloss – Schlossgarten – Garten…
- Kofferpacken: In meinen Koffer packe ich eine Hose/eine Hose und einen Kamm/eine Hose und einen Kamm und eine Quietsche-Ente … 
- Welches Wort passt nicht dazu (Kategorien bilden): Hase, Ente, Ball, Maus?
- Einen langen Satz bilden, bei dem jeder ein Wort hinzufügen darf: Das / Das Auto / Das Auto ist / Das Auto ist blau / Das Auto ist blau und /…

Quizspiele

- Wie heißt der Bruder von deinem Papa?
- Wie heißen die Töchter von deinem Onkel Peter?
- Wie alt wird die Oma, zu deren Geburtstag wir gerade fahren?
- Wie viele Leute wären in unserem Auto, wenn der Opa noch mitfahren würde?
- Wie viele Koffer wären im Kofferraum, wenn jeder von uns zwei dabei hätte?
- Wer ist es? Sie ist schon 70 Jahre alt. Sie hat eine Brille. Sie wohnt in …
- Was meine ich? Es ist ein Tier. Es hat vier Beine. Es gibt Milch. Es fängt mit „K" an …

Solche Beschäftigungsmöglichkeiten auf einer langen Fahrt lassen nicht nur die Langweile bekämpfen, sie bieten Ihnen auch gute Beobachtungsmöglichkeiten über den Entwicklungsstand Ihres Kindes. Ist das Kind in der Lage, Anlaute zu hören oder hat es noch Probleme dabei? Kann es richtig zählen? Kann es sich etwas vorstellen, was es nicht sieht, z. B. die Reifen des Lkws auf der anderen Seite? Kann es Zusammenhänge, z. B. bei Familienverhältnissen, erkennen?

Es ist meiner Meinung nach ein großer Entwicklungsschritt in Richtung Schulfähigkeit, wenn Kinder in der Lage sind, solche Rätsel oder Quizfragen selbst zu stellen. Probieren Sie es einfach mal aus und bieten Sie Ihrem Kind an, jetzt selbst der Quizmaster zu sein. Kinder sind sehr stolz, wenn sie damit sozusagen in die „Lehrerrolle" schlüpfen dürfen und die Eltern als Schüler die Fragen beantworten müssen. Das eigene Formulieren von Fragen setzt komplexe Denkvorgänge voraus, z. B. sich eine Problemstellung zu überlegen und gleichzeitig die Lösung zu wissen oder aus einer Aussage eine Fragestellung zu machen, ohne die Lösung zu verraten.

Natürlich kann man das vor allem bei Kindern erwarten, die durch solche Spiele vielfältige Vorerfahrungen sammeln konnten. Nutzen Sie also die Zeit einer langweiligen Autofahrt sinnvoll und wenn dann bei der ganzen Familie vor lauter Gehirntraining der Kopf raucht, kann man ja wieder zur Entspannung ein bisschen Musik hören.

Am Bahnhof

Egal ob man eine Reise mit der Bahn machen möchte oder nur jemanden zum Zug bringt oder ihn abholt, ein Bahnhof bietet vielfältige Möglichkeiten der Begegnung mit Zahlen, Symbolen, Grafiken, Zeitangaben, Listen und Tabellen. Kinder machen die Erfahrung, dass alles gut organisiert sein muss, damit die Reisenden Bescheid wissen, wann und wo sie ein- oder umsteigen können. Dazu helfen uns Symbole und Schriftzeichen. Man kann mit den Kindern gemeinsam auf dem Abfahrts- bzw. Ankunftsplan nachsehen, wann der Zug kommt und auf welchem Gleis er erwartet wird. Auch wenn sie noch nicht lesen können, sollte man sie trotzdem in den Prozess einbeziehen, um ihnen die Wege der Informationsbeschaffung zu vermitteln. Vielleicht kann Ihr Kind dann selbst schon das richtige Gleis finden. Dort angekommen, kann man gemeinsam an der Informationswand den Wagenstandanzeiger ansehen und die richtige Position des Wagens herausfinden. Auf diesen Plänen finden sich einige Symbole (z. B. für das Bordrestaurant) und Buchstaben, welche die verschiedenen Wartezonen beschreiben. Diese kann das Kind wiederum auf dem Gleis suchen. Des Weiteren können Sie und Ihr Kind aufmerksam den Ansagen zuhören („Auf Gleis 3 fährt ein ...") und über Verhaltensregeln sprechen, warum man sich nur hinter der weißen Sicherheitslinie bewegen soll oder warum man nichts auf die Gleise werfen darf.

Dass man lesen (und denken) können muss, um sich aus einem Automaten ein Ticket zu lösen, ist auch eine Erkenntnis, die das Kind gegebenenfalls erfahren darf. Welche Tasten muss ich drücken? Wie gehe ich mit einem Touchscreen um? Wie komme ich wieder zurück, wenn ich mich vertippt habe? Den Umgang mit solchen Automaten lernt man nur durch Versuch und Irrtum. Auch eine Lernmethode, die man für das Leben lernen muss.
Am Bahnschalter oder bei einem Schaffner kann eingeübt werden, wie man höflich nach Informationen fragt und dass man bei solchen Gesprächen am Anfang freundlich grüßt, die Frage stellt und sich am Ende ordentlich bedankt und verabschiedet. Oft findet sich in den Reisezentren interessantes Informationsmaterial zum Mitnehmen wie Fahrpläne oder Urlaubsprospekte, auf denen aus zahlreichen Symbolen oder Bildern Informationen herausgelesen werden können.

Natürlich ist es faszinierend, auf einem großen Bahnhof die vielen verschiedenen Züge und die ganzen Vorgänge auf den Schienen zu beobachten. Wie funktioniert es, dass sich eine Lokomotive bewegt, wenn Wagen umgekoppelt werden, sich die Türen auf Knopfdruck öffnen und automatisch schließen oder die Züge auf das richtige Gleis geleitet werden? Vielfältige Fragestellungen erfordern das genaue Beobachten, Überlegen, Vermuten und Nachforschen der Zusammenhänge. Ein Besuch auf einem Bahnhof ist kostenlos und könnte auch einmal ein Programmpunkt für einen Ausflug sein. Und er gibt neue Impulse für das Rollenspiel mit der Spielzeugeisenbahn zu Hause.

Bei der Küchenarbeit

Die gemeinsame Arbeit in der Küche bietet sicher fast die meisten Möglichkeiten der Förderung von feinmotorischen Fähigkeiten. Wie bereits beim Tischdecken oder bei der Zubereitung eines Salats beschrieben, werden weitere Bereiche wie mathematische Fähigkeiten, naturwissenschaftliche Erkenntnisse, Handlungsabläufe, Konzentration, Selbstvertrauen oder Selbstständigkeit angesprochen. Folgende Liste soll Ihnen Ideen liefern, bei welchen Aktionen Sie Kinder bei der Küchenarbeit sinnvoll einbeziehen können.

Was kann man tun?	Fähigkeiten, die neben der Feinmotorik gefördert werden
Mit dem Messer schneiden	Selbstvertrauen
Etwas abwiegen, Flüssigkeiten im Messbecher abmessen	Mengen vergleichen, Maßeinheiten kennenlernen
Küchengeräte (Toaster, Mixer, Küchenmaschine …) bedienen	Anweisungen umsetzen, sich Daten merken
Spülen, abtrocknen, Spülmaschine ein- und ausräumen	Ausdauer, Selbstvertrauen / Sortieren, ordnen
Besteck sortieren	Sortieren, zählen
Lebensmittel in den Vorratsschrank einräumen, Vorräte in Behälter umfüllen	Anweisungen verstehen, Mengen erfassen
Koch- oder Backutensilien bereitlegen	Handlungsabläufe begreifen
Einen Teig rühren oder kneten	Handlungsabläufe begreifen
Eiswürfel oder Wassereis aus Saft selbst herstellen	Anleitungen umsetzen, naturwissenschaftliche Erfahrungen machen
Die Kaffeemaschine befüllen, einen Tee kochen	Angstfrei Aufgaben meistern
Den Tisch decken oder abräumen	Vgl. Kapitel „Beim Frühstück", S. 41 f.
Servietten falten und verteilen, dekorieren, Platzkarten schreiben	Mathematische Begriffsbildung, Umgang mit Schrift
Selbst einen Nachtisch kreieren	Selbstvertrauen, Leistungsmotivation

Amelie möchte mit ihrer Mama Kartoffelklöße aus gekochten Kartoffeln machen. Bevor sie den Knödelteig kneten darf, sagt Mama: „Wir müssen erst mal deine Fingernägel sauber machen, sonst haben wir nachher lauter schwarze Punkte in den Klößen." Amelie darauf: „Dann sind es eben Vanille-Klöße!"

Beim Wäschewaschen

Nahtlos an die Küchenarbeit kann man hinsichtlich der Fördermöglichkeiten das Wäschewaschen anschließen. Wenn Sie sich die Handlungsabläufe bewusst machen und einmal mit der didaktischen Brille darauf schauen, werden Sie bei allen Aktionen verschiedene Förderbereiche zuordnen können. Versuchen Sie doch einmal zu folgender Vorgangsbeschreibung bei der Aufzählung der Tätigkeiten die Symbole *Kopf, Herz, Hand* und *Mund* zuzuordnen:

Wäschewaschen mit Vorschulkindern

Die Wäsche wird im Haus zusammengesucht und zum Waschraum getragen ( ). Dann werden die Kleidungsstücke nach Koch-/Buntwäsche bzw. nach den Farben hell/dunkel sortiert ( ). Nun kann eine Ladung in die Waschmaschine gelegt werden ( ). Das Fach für das Waschmittel wird geöffnet und das Pulver eingefüllt ( ). Jetzt kann man den Einschaltknopf drücken, das Programm und die richtige Temperatur wählen ( ). Es ist auch interessant zu beobachten, wie das Wasser einfließt und sich die Trommel dreht ( ). Dabei entstehen oft Fragen, wie früher die Wäsche gewaschen wurde, als es noch keine Waschmaschinen gab ( ). Ist der Waschvorgang beendet, kommt das Trocknen an die Reihe. Da gibt es verschiedene Möglichkeiten ( ). Man kann die Wäsche auf einen Ständer hängen ( ) und an die Luft stellen ( ). Wenn man einen Wäschetrockner besitzt, kann man die Wäsche darin trocknen ( ). Dabei macht es den Kindern auch Spaß und ist gleichzeitig eine gute Wurfübung, wenn man die feuchten Socken oder kleine, zusammengeknüllte Wäschestücke aus einer gewissen Entfernung in die Öffnung des Trockners werden darf ( ). Nach dem Trockenvorgang müssen Socken paarweise gefunden, Kleidungsstücke nach Besitzer sortiert und zusammengelegt werden oder Sachen zum Bügeln bereitgelegt werden ( ). Beim Bügeln kann das Kind schon unter Anleitung und Aufsicht ein kleines Tuch bügeln ( ). Die Knöpfe der Hemden oder Blusen lassen sich mit kleinen, geschickten Händen gut schließen ( ). Dass man bei der ganzen Waschaktion auch noch über technische und naturwissenschaftliche Fragen nachdenken kann, äußert sich in Kinderfragen wie: „Wie kommt der Dampf aus dem Bügeleisen?" ( )

Hätten Sie gedacht, dass man bei solch banalen Hausarbeiten sogar die Wurftechnik für spätere Leichtathletikübungen im Sportunterricht schulen kann? Glauben Sie mir, es schadet der Wäsche nicht und die Motivation der Kinder zum Mithelfen bleibt mit gewissen sportlichen Aufgabenstellungen oder anderen kreativen Herausforderungen erhalten: „Wer schafft es, am schnellsten fünf gleiche Sockenpaare aus dem Waschkorb zu finden?"

Beim Fernsehen

Jetzt wundern Sie sich sicher, wie man sogar beim Fernsehen die Schulfähigkeit fördern kann, wo man doch von allen Seiten den erhobenen Zeigefinger sieht: „Kinder sollen nicht zu viel fernsehen!" oder „Fernsehen macht dumm!" Da möchte ich dagegenhalten, dass es wirklich viele gute Sendungen gibt, die von Pädagogen sogar extra bildungswirksam gemacht sind. Meiner Meinung nach gilt beim Fernsehen die Regel, die Sie vielleicht schon einmal aus der Medizin gehört haben: „Allein die Dosis macht, dass ein Ding kein Gift ist." (Paracelsus, Arzt, Naturforscher und Philosoph)

Wichtig ist, mit dem Medium Fernsehen maßvoll umzugehen, auf die Altersangemessenheit der angesehenen Programme zu achten und die Kinder nicht vor dem TV zu „parken", obgleich ich gern zugebe, dass es manchmal Situationen gibt, bei denen es ganz angenehm ist, wenn Kinder mal ein paar Minuten in Ruhe vor dem Fernseher sitzen, während man z. B. ein wichtiges Telefonat führen muss. In der Regel sollte sich aber ein Elternteil die Zeit nehmen, mit dem Kind die Sendung anzusehen und gegebenenfalls auf Fragen einzugehen. Ich möchte hier keine Werbung für bestimmte Sendungen oder Programme machen, doch es ist kein Geheimnis, dass in Sendungen wie „Die Sendung mit der Maus", „Willi wills wissen" oder „Löwenzahn" Vorgänge der Umwelt sehr sachlich und detailliert dargestellt werden und man in den Sachfilmen oft hinter die Kulissen von Produktionsvorgängen schauen kann. Es werden meist Fragen, die Kinder interessieren, aufgegriffen und altersgemäß erklärt. Manchmal bekommt man in einem zehnminütigen Sachfilm mehr mit, als man in einer ganzen Unterrichtssequenz in der Schule lernen könnte.

Natürlich sind nicht nur Sachsendungen zur Vermittlung von Allgemeinwissen förderlich. Man kann auch Nachrichten für Kinder im Kinderkanal sehen, die den Kindern das aktuelle Geschehen in der Welt näherbringen. Manchmal ist es für uns schwierig, bestimmte Themen auf dem Niveau der Kinder zu erklären. Da können diese Kindernachrichten wertvolle Hilfestellung leisten.

Neben allen Informationssendungen sind meiner Meinung nach Filme nach den Kinderbüchern von Astrid Lindgren (Pippi Langstrumpf, Die Kinder von Bullerbü …), Michael Ende (Momo, Jim Knopf …) oder anderer guter Kinderbuchautoren absolut sehenswert. Natürlich wäre es ideal, das Ansehen der Sendungen mit dem Vorlesen der entsprechenden Literatur zu kombinieren. Aufmerksame Kinder merken recht schnell, dass in Büchern manche Geschichten anders sind als im Film.

Letztendlich bietet das Fernsehen für Kinder meist den ersten Zugang zur Medienwelt. Im Sinne der Medienerziehung ist es wichtig, dass man mit dem Kind bespricht, wie Fernsehsendungen gemacht werden. (Auch dazu gibt es Sachfilme!) Je nach Alter und Intellekt kann man auf das Thema eingehen, wie Medien uns beeinflussen. Werbesendungen bieten dafür den besten Gesprächsanlass. Ich hoffe, dass Sie mein Anliegen richtig verstehen: Auf jeden Fall gibt es sinnvollere Beschäftigungsmöglichkeiten als Fernsehen. Doch meine ich, dass es eben durchaus wertvolle Sendungen gibt und man das Fernsehen nicht ganz verbieten sollte. Denn „Verbotenes" ist bekanntlich immer reizvoll und es gibt sogar Theorien, die späteres Suchtverhalten auf frühere Entbehrungen zurückführen.

Der maßvolle Umgang mit dem Medium „Fernsehen" bereitet unsere Kinder zudem auf weitere Medien vor wie Computer, Smartphones oder sonstige digitale Geräte, die es vielleicht in zehn Jahren geben wird und deren Namen und Funktion wir im Moment noch gar nicht kennen.

In der Werkstatt

Hämmern, Feilen, Sägen und was man sonst noch alles in der Werkstatt tun kann, macht den Kindern nicht nur Spaß, sondern fördert auch vielfältige Schulfähigkeiten. Natürlich kann man versuchen, das Kind bei den Arbeiten einzubeziehen, die gerade anstehen. Es gibt sicher immer Möglichkeiten, Aufgaben für Kinder zu finden, die sie selbstständig erledigen können, ohne die vorgesehene Arbeit zu „verunstalten". Kinder können den Werkzeugkasten öffnen, beim Einspannen in den Schraubstock helfen, ein bestimmtes Werkzeug herausholen, die Bohrer einer bestimmten Größe aus der Box nehmen, den Meterstab ausklappen, bestimmte Schrauben oder Nägel suchen und vieles mehr. Ich bin sicher, Sie finden bei jeder Arbeit eine ansprechende Aufgabe für Ihren „Lehrling". Natürlich ist es toll, wenn Kinder selbst kreativ sein dürfen und etwas Eigenes, z. B. aus alten Holzresten, produzieren dürfen.

Für das Schreiben in der Schule braucht man eine gute, unverkrampfte Stifthaltung und eine ruhig agierende Hand mit viel Feingefühl für Bewegung und Anwendung von Druck. Lassen Sie Ihr Kind einmal ein Stück Holz bearbeiten. Schon beim Sägen merkt es, dass es nicht zu viel Druck ausüben darf, da sich die Sägezähne sonst verhaken. Auch das Abschleifen der Kanten mit Schleifpapier benötigt gleichmäßige Handbewegungen bei einem konstanten Druck. Solche Übungen zur Feinmotorik sind die beste Vorbereitung für das Schreiben. Bei den handwerklichen Arbeiten kann außerdem der Umgang mit Kleber (oder Holzleim), mit dem Lineal oder mit der Schere geübt werden. Gerade bei Jungen, die manchmal nur ungern basteln oder malen, bringt die Arbeit in der Werkstatt Gelegenheiten, den Umgang mit diesen Arbeitsmaterialien trotzdem zu üben. Man könnte beispielsweise ein Holzbrett mit dem Namen des Kindes zum Fühlen als Türschild für das Kinderzimmer basteln, „damit man auch im Dunkeln weiß, wer da wohnt". Dazu kann man gemeinsam auf Schleifpapier Großbuchstaben mit Lineal aufzeichnen und exakt ausschneiden und diese auf ein Holzbrett oder einzelne Holzplättchen kleben. Natürlich geht es auch mit Buchstaben aus Laubsägearbeiten.

Wenn das Brett dann an die Wand montiert oder wenn ein Regal angeschraubt wird, sollte das Kind sich am Schraubenzieher versuchen dürfen. Das Greifen, Drehen und Umgreifen ist eine gute Übung für den Umgang mit einem Spitzer. Eine weitere Idee für ein sinnvolles Werkstück, das sich einfach herstellen lässt, ist ein sogenanntes „Geobrett". Es handelt sich um ein quadratisches Brett, auf dem man in Reihen und Spalten jeweils gleich viele Nägel in gleichem Abstand hineinschlägt. Vorher misst man die Abstände genau aus und markiert Punkte für die Nägel. Mit 9, 16 oder 25 (oder eine andere Quadratzahl) Nägeln ergeben sie 3er-, 4er- oder 5er-Reihen. Mit einfachen Haushaltsgummis lassen sich darauf verschiedene geometrische Formen oder Muster spannen. Später eignen sich die Bretter sogar für das Einmaleins-Rechnen.

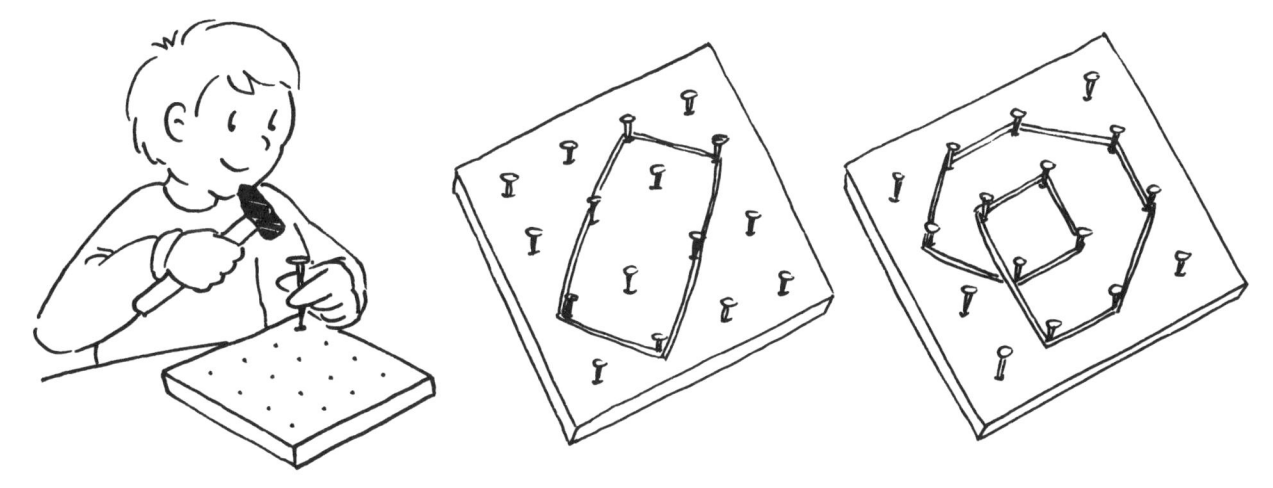

Man hat also motorische Fähigkeiten geübt und dabei gleichzeitig ein Spielgerät für mathematische Erkenntnisse produziert. Die schönste Erfahrung für das Kind ist, dass es mit Ausdauer und Leistung etwas schaffen kann, was es dann tatsächlich in der Hand hält und verwenden kann. Es erfährt, dass sich Anstrengung lohnt und dass die Freude über das Ergebnis alle Mühen vergessen lässt, auch eine wichtige Erfahrung für das schulische Lernen.

Eine weitere wertvolle Erfahrung möchte ich noch erwähnen. Da die Werkstatt meist in den Händen der Väter liegt, wird bei der gemeinsamen Arbeit darin in der Regel der Vater sein Kind begleiten. Für das Kind ist es sehr wichtig, dass es ab und zu auch von einer männlichen Person „unterrichtet" wird, da in den Kindergärten und Grundschulen zum Großteil nur Erzieherinnen und Lehrerinnen tätig sind. Dass sich männliche und weibliche Sicht- und Denkweisen manchmal unterscheiden, ist offensichtlich. Kinder sollen aber die Chance haben, von beiden Seiten Erfahrungen vermittelt zu bekommen. Ich möchte hier vor allem die Männer ermutigen, sich gerade in ihrem „Spezialgebiet" (was natürlich auch das Kochen oder Wäschewaschen sein kann) der Kinder in besonderer Weise anzunehmen. In einer „Erziehungs- und Bildungswelt", die von Frauen dominiert ist, braucht es wieder mehr „Männerwissen" für die Kinder.

Die Liste der besonderen Anlässe ließe sich noch beliebig erweitern, z. B. um Gartenarbeit, Arztbesuche oder das Ansehen von Sportveranstaltungen. Bei allen Aktionen finden folgende zusammenfassende Punkte Anwendung.

Die wichtigsten Punkte aus diesem Kapitel:

- Jeder Anlass bietet Lernfelder für besondere Fähigkeiten und Fertigkeiten

- Finden Sie spannende Aufgabenstellungen, die das Kind herausfordern

- Dem Kind etwas zutrauen und ihm vertrauen

- Mit allen Dingen (auch mit dem Fernsehen) maßvoll umgehen

- Erziehungs- und Bildungsaufgaben sollten auch von Männern wahrgenommen werden

Dem Kind Zeit lassen

Gut Ding braucht Weile!

Wie bei allen Lernprozessen sollten Kinder auch für das „Schulfähigwerden" genügend Zeit haben. Es macht aus meiner Sicht keinen Sinn, im letzten Jahr vor der Einschulung mit einem intensiven „Vorschulprogramm" zu beginnen, in dem alle Kinder, die ein Jahr vor der Einschulung stehen, im Gleichschritt auf bestimmte Aufgaben in der Schule vorbereitet werden. Die Entwicklung von Schulfähigkeit beginnt mit der Geburt, jedes Kind entwickelt sich unterschiedlich schnell und hat verschiedene Begabungen und Talente. Bieten Sie Ihrem Kind anregende Umgebungen im Alltag und die Zeit, seine Fähigkeiten und Fertigkeiten zu entwickeln. Und gönnen Sie auch sich selbst die Zeit, vielfältige eigene Lernprozesse als Begleiter Ihres Kindes durch das Leben zu machen und dabei zu fähigen „Schulkindeltern" zu werden.

Gelassenheit, Geduld, Humor und starke Nerven

Mit diesen vier persönlichen Eigenschaften im Gepäck sollte man junge Eltern ausstatten, wenn sie nach der Geburt ihres Kindes das Krankenhaus verlassen. Und zwar braucht man da eine ganze Menge davon, damit man in unserer stark leistungsorientierten Gesellschaft einen guten Weg für die Erziehung und Bildung des Kindes einschlägt und dabei immer das Wohl des Kindes im Blick hat. Vor allem wenn der Schulanfang näher rückt, verspüren Eltern diesen gesellschaftlichen Druck und entwickeln manchmal Ängste, dem System Schule nicht gewachsen zu sein. Das äußert sich dann in einigen Fällen in einer Art Überaktivismus bei der Förderung des Kindes. Es gibt Kinder, die auf Wunsch der Eltern neben den ganzen anderen Freizeitangeboten noch spezielle Kurse, z. B. „Konzentrationsförderung für Vorschulkinder" besuchen müssen. Der Markt solcher Angebote wird immer größer und wird vor allem durch „Mund-zu-Mund-Propaganda" mit Kunden beliefert. Wenn Ihre beste Freundin sagt: „Geht deiner nicht zum Konzentrationskurs (austauschbar mit Frühenglisch, Musikgarten, Experimentierkurs oder was man sonst noch alles machen kann …)?", so denken Sie sicher doch intensiver darüber nach, ob Sie Ihrem Kind nicht etwas Wichtiges vorenthalten.

Für solche Situationen wünsche ich Ihnen viel **Gelassenheit**. Lassen Sie sich nicht durch andere Eltern verunsichern! Sie als Eltern Ihres Kindes tragen die Verantwortung für die Bildung und Erziehung. Sie kennen Ihr Kind am besten und können in der Familie auch am besten entscheiden, welche Bildungsangebote für das Kind geeignet sind und ihm Freude machen. Gehen Sie gelassen damit um, wenn einmal etwas anders läuft, als Sie es gerne hätten, z. B. wenn Ihr Kind zu einem Kindergeburtstag bei einem Schnellrestaurant eingeladen ist, das Sie bisher immer gemieden haben. Auch solche Erfahrungen bereiten Kinder auf das Leben in unserer vielfältigen Gesellschaft vor.
Des Weiteren ist Gelassenheit erforderlich, wenn Kinder oder deren Umgebung nach ihrer eigenen kreativen Arbeit nicht mehr dem „Normalzustand" entsprechen, sei es, dass an der Schreibtischunterlage nach der Bastelarbeit Papierfetzen kleben, der Fußboden mit krümeligen Knetresten voll ist oder die Kleidung nach dem Spielen im Garten von oben bis unten voller Matsch ist.

In diesem Zusammenhang brauchen Sie auch ein hohes Maß an **Geduld**. Wenn das Kind zum tausendsten Mal eine Frage stellt oder zum x-ten Mal dieselbe Geschichte hören oder das immer gleiche Bilderbuch anschauen möchte, sollte einem nicht der Geduldsfaden reißen. Geduld ist vor allem da erforderlich, wo das Kind Wege in die Selbstständigkeit geht. Denken Sie an die Anziehsituation am Morgen. Nur mit genügend Zeit und Ihrer Geduld wird das Kind es lernen, sich selbstständig anzuziehen. Schließlich hat Ihre Geduld Vorbildfunktion für das Kind. In der Schule muss es später häufig geduldig abwarten können und erkennen, dass man erst zur Sportstunde laufen kann, wenn auch der letzte Mitschüler seine Schuhe angezogen hat. Letztendlich ist Geduld in allen Arbeiten des Alltags gefordert, in die man die Kinder einbeziehen möchte. Dazu ist mir diese „Definition" eingefallen: „Geduld ist, wenn man jemanden helfen lässt und durch die Mithilfe länger braucht als ohne."

> *Als Fridolin beim Frühstück zum dritten Mal mit dem Ärmel im Marmeladenbrot hängt, schickt sein Vater ein Stoßgebet zum Himmel: „O Herr, gib mir Geduld – aber möglichst schnell!"*

Ich hoffe auch, dass Sie den nötigen **Humor** besitzen, um über so manche Anekdoten, die in Ihrer Familie passieren, richtig lachen zu können. Manche Dinge im Leben muss man wirklich humorvoll nehmen. Eckart von Hirschhausen hat bei einem Kapitel seines „Glücksbuches" folgende Überschrift gewählt: „Shit happens: Mal bist Taube, mal das Denkmal!" (von Hirschhausen, 2009, S. 73). Ich finde, dieser Spruch passt zu vielen Ereignissen. Es gibt Situationen im Familienalltag, über die man manchmal lieber herzhaft lachen sollte als sie mit Schimpftiraden zu begleiten. Natürlich sollte man hinterfragen, ob ein Kind etwas mit Absicht tut oder ob es – wie beim Marmeladenbrot – „einfach so" geschieht. Humor ist auch bei Aufgabenstellungen für Kinder wichtig. Komischerweise sind Kinder (ich denke sogar alle Menschen) zum Lernen motivierter, wenn es sich um „lustige Sachen" oder gar um „Blödsinn" handelt. Kennen Sie auch Liedvarianten wie „Happy birthday to you, Marmelade im Schuh ..."? Solche Sprüche lassen sich schneller einprägen als manch sinnvolles Gedicht. Die Lieblingsseite unserer Tochter in der Fibel war dann auch die Seite mit den merkwürdigen Kochrezepten, z. B. „Rosinen mit Senf". Es scheint schon zu stimmen, dass Lachen die beste Medizin ist, auch im „Förderalltag zur Schulfähigkeit".

Und dass man für dies alles **starke Nerven** benötigt, soll eigentlich den wichtigsten Wunsch für Ihre persönliche psychische und physische Gesundheit ausdrücken. Sorgen Sie bei aller Sorge für Ihr Kind auch für sich selbst. Nehmen Sie sich als Eltern ab und zu „Auszeiten" zur Erholung vom stressigen Alltag. Wenn Sie selbst gesund und ausgeglichen sind, können Sie die vielfältigen Aufgaben mit Ihrem Kind am besten bewältigen. Dazu wünsche ich Ihnen Gelassenheit, Geduld, Humor und starke Nerven.

Schlusswort

Wenn Sie nun nach der Lektüre des Buches der Meinung sind, dass Sie die vielen „gut gemeinten Ratschläge" schon lange in Ihrer Familie umsetzen, dann kann ich Sie (und mich) beglückwünschen. Blaise Pascal, ein französischer Literat und Philosoph, hat einmal festgestellt: „Die besten Bücher sind die, von denen jeder Leser meint, er hätte sie selbst machen können." In diesem Sinne möchte ich Sie auch ermutigen, Ihr eigenes „Schulfähigkeitsbuch" für Ihr Kind zu schreiben. Schon allein dadurch, dass Sie sich überhaupt für dieses Buch interessiert haben, beweisen Sie, dass Sie sich um das Wohl Ihres Kindes Gedanken machen und Ihren vollen Einsatz dafür geben. Ich möchte hier noch einmal Dr. Eckart von Hirschhausen zitieren, weil mir sein „Gesetz der umgekehrten Bedürftigkeit" (von Hirschhausen, 2009, S. 31) so gut gefällt. Er bringt es auf den Punkt: „Man predigt immer den Falschen. […] Die, die in die Kirche kommen, denen muss man kein schlechtes Gewissen machen."

Seien Sie also wirklich stolz auf sich und Ihre Leistung, die Sie tagtäglich bei der Erziehung und Bildung Ihres Kindes bringen. Und empfehlen Sie bitte das Buch an diejenigen weiter, von denen Sie meinen, dass sie es unbedingt lesen sollten.

Bevor ich Sie mit den letzten positiven Gedanken zur Schulvorbereitung verabschieden möchte, die ich Ihnen in Ihre Elternschultüte packe, lasse ich noch einen geschätzten Pädagogen zu Wort kommen, der Ihnen Mut machen soll: „Erziehung ist ‚learning by doing' – bis wir unseren eigenen Weg gefunden haben. Kinder brauchen keine perfekten Eltern, die über jeden Zweifel erhaben sind, sondern authentische Menschen aus Fleisch und Blut, die nicht alles wissen, doch stets bereit sind, sich weiterzuentwickeln" (Juul, 2009, S. 20).

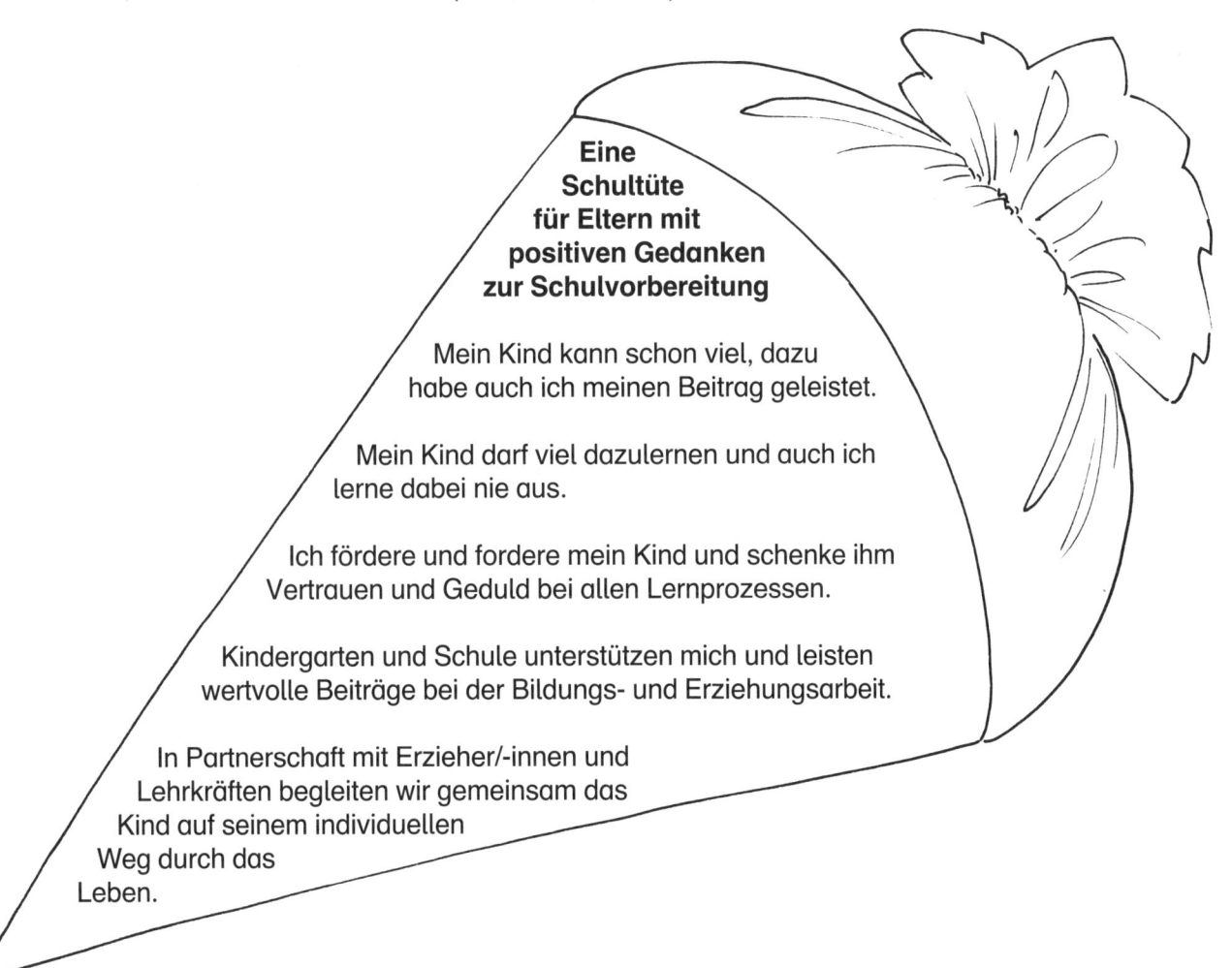

Eine Schultüte für Eltern mit positiven Gedanken zur Schulvorbereitung

Mein Kind kann schon viel, dazu habe auch ich meinen Beitrag geleistet.

Mein Kind darf viel dazulernen und auch ich lerne dabei nie aus.

Ich fördere und fordere mein Kind und schenke ihm Vertrauen und Geduld bei allen Lernprozessen.

Kindergarten und Schule unterstützen mich und leisten wertvolle Beiträge bei der Bildungs- und Erziehungsarbeit.

In Partnerschaft mit Erzieher/-innen und Lehrkräften begleiten wir gemeinsam das Kind auf seinem individuellen Weg durch das Leben.

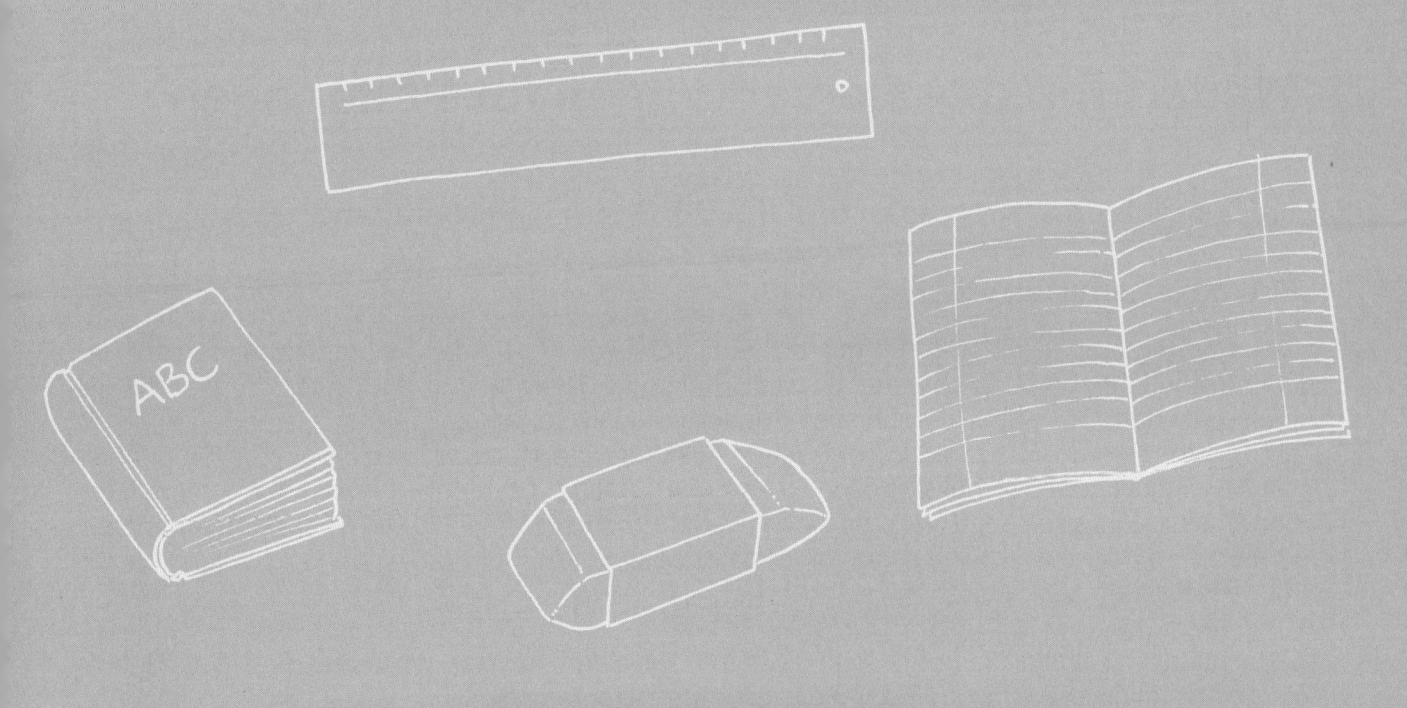

Anhang

Weiterführende Bemerkungen für Pädagogen

„Vorschuleltern" begleiten und auf die Schule „vorbereiten"

Eltern als Lernende wahrnehmen

Bei allen Bemühungen zur Förderung der Schulfähigkeit der Kinder sollten Erzieher/-innen und Grundschullehrerkräfte auch ganz bewusst einmal die Eltern in den Blick nehmen, die sich genauso wie das Kind beim Übergang vom Kindergarten in die Schule in einem Veränderungs- und Lernprozess befinden. Auch Eltern brauchen Zeit und Unterstützung, sich Kompetenzen als werdende „Schulkindeltern" anzueignen. Es ist daher wichtig, Eltern nicht nur in der unterstützenden Funktion ihrer eigenen Vorschulkinder, sondern auch als selbst Lernende wahrzunehmen. In manchen Fällen würde ich sogar behaupten, dass Eltern mehr Zuwendung benötigen als die Kinder selbst.

Wenn man sich einmal die Frage stellt „Was müssen Eltern können, wenn das Kind in die Schule kommt?", fallen die Antworten der Pädagogen sehr unterschiedlich aus: „Loslassen können", „dem Kind Vertrauen schenken", „früh aufstehen" oder „viel Geduld haben" sind nur einige spontane Antworten, die ich von Erzieherinnen und Lehrkräften hören durfte. Bevor man versucht, wirklich einige Kriterien der „Schulfähigkeit von Eltern" zu formulieren, sollte man überlegen, welche Veränderungen auf die Eltern durch den Schuleintritt zukommen. Zunächst einmal hat die Schulpflicht im Gegensatz zum freiwilligen Besuch der Kindertageseinrichtung einen sehr großen Einfluss auf die äußeren Rahmenbedingungen in der Familie, denn die Stundentafel der Schule bestimmt den Tages- und Wochenrhythmus der Familie und nach den Ferien richtet sich der komplette Jahresablauf. Die zeitlichen Abläufe müssen klarer durchstrukturiert sein und die Eltern haben weniger Entscheidungsfreiheit. Zudem verändert sich auch die Elternrolle: Sie werden in die Pflicht genommen, die Lernprozesse der Kinder permanent zu unterstützen, was unter Umständen mit einer Änderung des Erziehungsstils einhergeht. Allein beim Thema „Hausaufgaben" gibt es zahlreiche Erfahrungsberichte von Eltern, die eine große nervliche Belastung schildern. Es ist nur verständlich, dass Eltern durch den auf sie zukommenden gesellschaftlichen Erwartungsdruck starke Emotionen empfinden. Und natürlich spielen auch die eigenen Erfahrungen, die Eltern in ihrer Schulzeit sammeln durften, ein große Rolle, welches Bild von Schule sich bei ihnen entwickelt und verfestigt hat.

Im Bewusstsein dieser Veränderungsprozesse möchte ich nun versuchen, ein paar Kriterien zur Schulfähigkeit von Eltern zu definieren, um daraus Ansatzpunkte für die Zusammenarbeit mit Eltern zu finden.

Schulfähigkeitskriterien für Eltern

Analog zu den Schulfähigkeitskriterien für Kinder kann man für Eltern in den verschiedenen Bereichen Fähigkeiten beschreiben, die ihnen als „Schulkindeltern" behilflich sein könnten.

Kognitive Fähigkeiten

– Einblicke in allgemeine Lernprozesse von Kindern haben
– Sich der Vorbildfunktion bei der Sprachentwicklung des Kindes bewusst sein
– Voraussetzungen zum Schriftspracherwerb (z. B. die Bedeutung der phonologischen Bewusstheit oder die Notwendigkeit des Lautierens) kennen
– Voraussetzungen für mathematische Lernprozesse kennen
– Fachbegriffe aus dem „Schulwortschatz" kennen
– Über Abläufe in der Schule Bescheid wissen

♡ Emotionale Fähigkeiten

- Geduld haben, Kindern das Selbstständigwerden zu ermöglichen
- Vertrauen in die Fähigkeiten der Kinder haben
- „Loslassen" können und auch „Fehlwege" als Lernwege akzeptieren
- Angstfreiheit, Zuversicht und Gelassenheit zeigen
- Lernen als lebenslanges Lernen anerkennen, Freude am Lernen empfinden
- Positive, offene Haltung gegenüber der Schule zeigen

✋ Physisch-motorische Fähigkeiten

- „Ausgeschlafen" sein, um Ausdauer und Kraft für Erziehungsaufgaben zu haben
- Gesunde Lebensweise vorleben
- Für Ordnungsrahmen und gut strukturierten Arbeitsplatz sorgen
- „Schulisches Handwerkszeug", z. B. die richtige Schreibweise können

👄 Sozial-kommunikative Fähigkeiten

- Grundsätze der Kommunikation kennen und beachten
- Sich der Vorbildfunktion im gesellschaftlichen Zusammenleben bewusst sein
- Aktiv zuhören können
- Gehörtes richtig bewerten und einordnen können
- Positive Haltung zu Schule und Lernen im Gespräch zum Ausdruck bringen

Und wenn es Eltern neben all diesen Fähigkeiten noch gelingt, die **didaktische Brille** aufzusetzen, dann schaffen sie es auch, Lernchancen für ihre Kinder in Alltagssituationen zu erkennen und sie damit gut für die Schule und das Leben in der Gesellschaft vorzubereiten.
Bei diesem Prozess und bei der Förderung der „Schulfähigkeitskriterien von Eltern" können Sie in Ihrer Institution wertvolle Dienste leisten, indem Sie einen offenen Dialog mit Eltern führen und daraus eine echte Bildungs- und Erziehungspartnerschaft aufbauen. Dazu sollen Ihnen die folgenden „Drei Säulen der Kooperation mit Eltern" ein gedankliches Gerüst bieten.

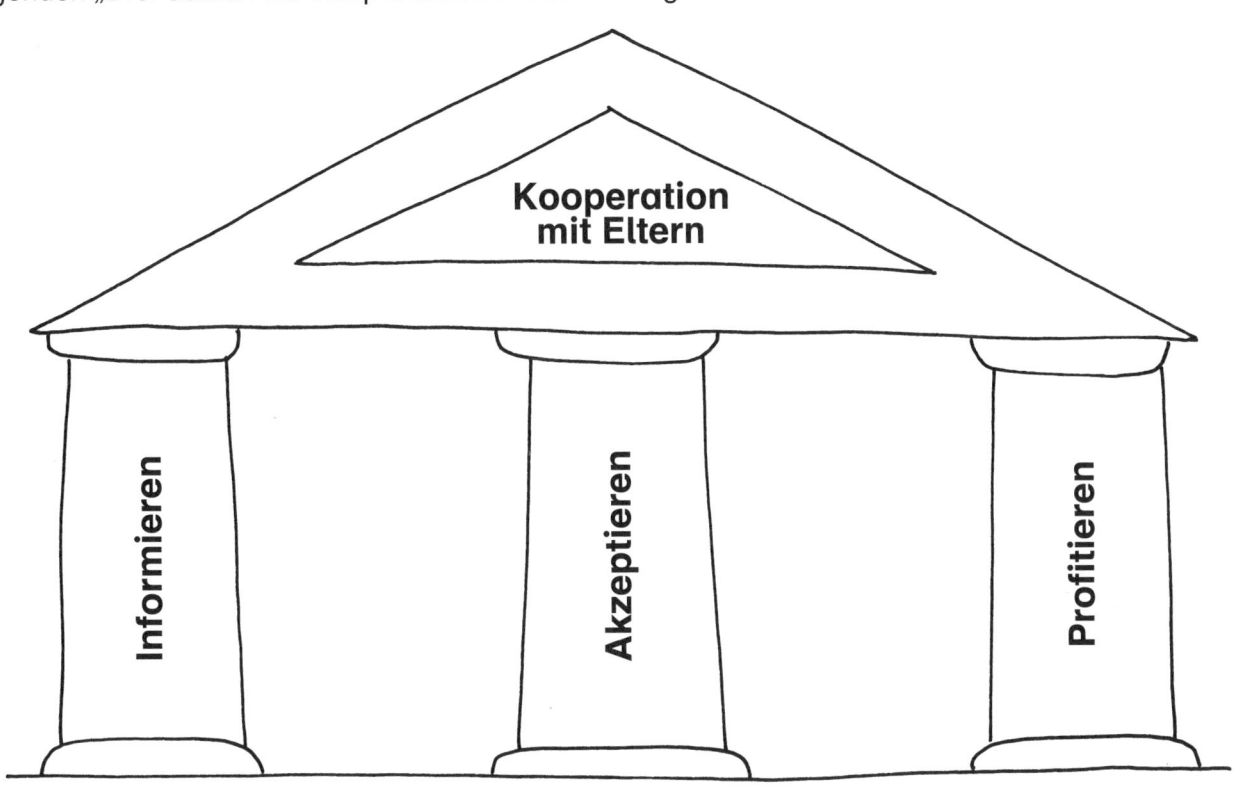

Kooperation mit Eltern

| Informieren | Akzeptieren | Profitieren |

Kooperation mit Eltern

Sich gegenseitig informieren

Durch inhaltlich klare und gut verständliche Informationen, egal ob sie bei Tür-und-Angel-Gesprächen, in Entwicklungsgesprächen, an Elternabenden oder in Elternbriefen gegeben werden, entsteht die wichtigste Grundlage jeder Kooperation: Man weiß über die geleistete Arbeit, die Anliegen und Erwartungen des anderen Bescheid. Deshalb ist es für die pädagogische Einrichtung wichtig, die geleistete Arbeit und den Sinn und Zweck, der dahintersteht, entsprechend zu **präsentieren**. Das bedeutet unter anderem, dass man den Kindergartenalltag und die vielfältigen, darin enthaltenen Förderangebote sichtbar macht und damit den Eltern vermittelt, dass nicht nur in Lernwerkstätten oder „Vorschulmappen" Förderung stattfindet. Oft vergleichen Eltern in Gesprächen die verschiedenen Institutionen untereinander, wodurch es schnell zu falschen Erwartungen und Fehlinterpretationen kommen kann. Diese lassen sich meiner Meinung nach wirklich nur durch transparentes Darstellen der eigenen Konzeption vermeiden. Eltern benötigen Informationen, wie sich die Kooperation der Kindertageseinrichtung mit der Schule gestaltet. Es ist von Vorteil, wenn Elternabende, in denen es um das Thema Schule geht, in Zusammenarbeit mit den Grundschulen organisiert werden. So lernen die Eltern aus erster Hand die Abläufe in der Schule sowie den „schulischen Wortschatz" kennen und sehen, wie die Einrichtungen Hand in Hand arbeiten. An solchen Veranstaltungen hat es sich bewährt, Eltern bewusst zu machen, dass der Übergang vom Kindergarten in die Schule in der Regel nicht der erste Übergang im Leben des Kindes ist. Ein wichtiger Übergang, der eigentlich oft viel gravierender für das Kind ist, nämlich aus der Betreuung in der Familie in eine Institution der Kindertagesbetreuung, wurde bereits „geschafft". Das Bewusstsein der Eltern, dass sie bereits einen schwierigen Übergang mit ihrem Kind „gemeistert" haben, kann Angstgefühle vor dem Schuleintritt vielleicht verhindern.

Sich gegenseitig informieren bedeutet natürlich im Umkehrschluss, sich für die Eltern und das, was sie aus ihrem Familienleben mitteilen möchten, zu **interessieren**. Schenken Sie Eltern, gerade bei Bring- und Abholsituationen, immer ein offenes Ohr. Diese kurze Begegnungszeit mit den Eltern ist in meinen Augen für die Zusammenarbeit so wichtig, dass gerade hier die volle Präsenz der pädagogischen Fachkräfte in der Gruppe gefordert ist und es ungünstig wäre, diesen Zeitraum für administrative Aufgaben zu verwenden. Machen Sie den Eltern schon bei der Anmeldung klar, dass diese Ihnen wichtige Botschaften in aller Kürze mitteilen sollen, damit Sie die Hintergründe des Verhaltens der Kinder besser einschätzen können. Natürlich sollen die Eltern auch wissen, dass ausführlichere Gespräche ihren Platz in gesonderten Sprechstunden oder in den regelmäßigen Entwicklungsgesprächen haben, denn die Beschäftigung mit den Kindern steht während der Betreuungszeit selbstverständlich im Vordergrund. Aber glauben Sie mir, dass eine Mutter mit besserem Gefühl nach Hause geht, wenn sie der Erzieherin am Morgen kurz mitteilen kann: „Mein Sohn hat heute Nacht schlecht geträumt und ist öfters aufgewacht." Und die Erzieherin weiß dann auch die Tagesform des Kindes besser einzuschätzen. Wenn die Eltern spüren, dass sich die Erzieherin wirklich für die Belange des Kindes und der Familie interessiert, so schafft das die beste Basis für einen vertrauensvollen **Austausch**.

Sich akzeptieren

Wie schnell ist man oft versucht, Eltern in eine bestimmte „Schublade" zu stecken! Man lässt sich vom äußeren Erscheinungsbild oder vielleicht von Vorerfahrungen mit Verwandten oder gleichen Landsleuten beeinflussen und schreibt ihnen automatisch bestimmte Verhaltensweisen zu. Das ist zwar nur allzu menschlich, aber wir sollten uns als **vorurteilsfreie Pädagogen** immer wieder die Augen reiben, um nicht in die Defizitorientierung zu fallen, sondern zunächst einmal das Positive im Menschen wahrzunehmen. So wie Sie bei den Kindern die Stärken stärken wollen und die Schwächen schwächen, so sollten Sie auch bei den jeweiligen Eltern positive Ansätze im Gespräch hervorheben, um diese zu verstärken. Mit einem **wertschätzenden Grundverständnis** des Gegenübers gelingt es leichter, kritische Situationen in Erziehungsfragen zu thematisieren und Eltern entsprechend zu beraten. Denken Sie einmal an sich selbst: „Von wem nehme ich Rat an?" Ich würde für mich sagen, von Menschen, die Verständnis für meine Situation haben, die mir die Kompetenz zeigen, diese Situation beurteilen zu können und mit mir im Gespräch gemeinsam Lösungsansätze suchen. Diese **„Beraterrolle"** ist eine der schwierigsten Aufgabenfelder von Pädagogen, da sie ein hohes Maß an **Sensibilität in der Kommunikation** erfordert, was Ihnen folgendes Beispiel verdeutlichen soll: Sie möchten den Eltern von Fridolin raten, dass sie auch zu Hause häufiger den Umgang mit der Schere üben sollen. Hier sind zwei Gesprächseinstiegsmöglichkeiten dazu: „Fridolin kann noch nicht mal die Schere richtig halten, das müssen Sie üben, sonst kriegt er in der Schule Probleme ..." oder „Ich habe beim Basteln beobachtet, dass Fridolin noch Probleme im Umgang mit der Schere hat. Haben Sie das zu Hause auch schon beobachten können?" Im ersten Fall empfinden die Eltern eine Schuldzuweisung und sie müssen quasi in „Verteidigungshaltung" gehen („Aber ..."). Im zweiten Fall steht ganz das Kind und dessen momentane Fertigkeit des Ausschneidens im Mittelpunkt und man gibt den Eltern die Chance, Lösungsansätze für die Förderung dieser Fertigkeit zu finden. Sie spüren, dass das Wohl des Kindes im Fokus der beidseitigen Bemühungen steht, und sind am Ende sicher für einen einfachen Tipp der Erzieherin dankbar, wenn sie beispielsweise vorschlägt, dass Fridolin für die „große Bildersammlung in der Bastelecke des Kindergartens" Bilder aus Zeitschriften oder Katalogen ausschneiden und mitbringen darf. Ist die Basis der gegenseitigen Akzeptanz zugrunde gelegt, dürften Eltern auch einfacher zu überzeugen sein, wenn das Kind aus der Sicht der Erzieherin weitere professionelle Unterstützungsmaßnahmen von außen, z. B. Frühförderung oder Logopädie, benötigt. Denn solche wichtigen Maßnahmen können meiner Meinung nach nur erfolgreich sein, wenn sie von Eltern akzeptiert werden und die Eltern voll und ganz mitarbeiten.

Voneinander profitieren

Gegenseitiges Informieren und Akzeptieren sind die besten Voraussetzungen, um voneinander zu profitieren. Dass Eltern vom Kindergarten profitieren, liegt auf der Hand, da sie volle **Unterstützung in der Betreuung, Erziehung und Bildung** ihrer Kinder erfahren und damit wieder mehr Freiräume in der eigenen Lebensgestaltung bekommen. Gerade im Hinblick auf die Förderung der Schulfähigkeit bietet der Kindergarten vielfältige Möglichkeiten, welche die Familie an sich gar nicht leisten kann, denken Sie nur an den wichtigen Bereich des sozialen Lernens. Und dass den Eltern für ihre Aufgaben in Erziehung und Bildung professionelle Fachleute mit Rat und Tat zur Seite stehen, ist offensichtlich. Aber wie kann der Kindergarten umgekehrt auch von den Eltern profitieren? Eigentlich liegt es auf der Hand: Wir können von jemandem erst dann profitieren, wenn wir seine **Unterstützung annehmen und die Mitarbeit zulassen**. Es gibt viele Eltern, die gerne bereit sind, den Kindergarten regelmäßig bei der Alltagsarbeit oder gelegentlich bei besonderen Projekten zu unterstützen. Motivieren Sie die Eltern von Anfang an, sich ihren Fähigkeiten entsprechend einzubringen. Es gibt in vielen Feldern sinnvolle Mitarbeitsmöglichkeiten für Eltern, die für den Kindergarten bereichernd sind. Das Spektrum reicht von „Lesemuttis oder -vatis", die einmal in der Woche zum Vorlesen kommen, über monatliche Aktionen wie „Vorbereitung eines gesunden Frühstücksbuffets" oder gemeinsame Bastelaktionen zu jahreszeitlichen Themen bis zu einem einmaligen „Experimentiertag mit dem Diplomchemikerpapa". Der Profit des Kindergartens liegt hier nicht nur in der Arbeitsentlastung oder in der Ausweitung von Bildungsinhalten, sondern in erster Linie in der Entwicklung einer richtigen Erziehungs- und Bildungspartnerschaft mit den Eltern. Und hiervon profitiert letztendlich jedes einzelne Kind. Wenn Sie sich noch einmal das Bild der „Wippe" (vgl. S. 36) für diese Partnerschaft hervorholen, dann profitieren alle, die sich auf dieser Wippe befinden, die sich gegenseitig „hochheben" und „herunterholen", durch die Zusammenarbeit auf „gleicher Augenhöhe".

Die didaktische Brille für die Zusammenarbeit mit Eltern

Genauso, wie ich Ihnen in diesem Buch den Blick für die vielfältigen Möglichkeiten zur Förderung der Schulfähigkeit im Alltag des Kindergartens und des Elternhauses öffnen wollte, möchte ich Ihnen am Ende gerne noch die didaktische Brille für die Zusammenarbeit mit Eltern aufsetzen. Auch diese geschieht vorwiegend im Alltag. Es bedarf in der Regel keiner aufgeblähten Kooperationsveranstaltungen, denn nicht die Quantität, z. B. wie viele Elternabende „abgehalten werden", ist entscheidend. Wichtig ist vielmehr, die Eltern in die alltägliche Arbeit des Kindergartens einzubeziehen und ihnen in Gesprächen „auf Augenhöhe" praktischen Rat und Hilfestellungen für die alltäglichen Erziehungs- und Bildungsaufgaben in der Familie zu geben. Die Qualität der Kooperation hängt in erster Linie von der Qualität der Kommunikation ab – oder einfacher gesagt: „Redet miteinander!"

Und dafür hält jeder neue Tag wieder Aufgaben und Gelegenheiten bereit, in denen es unsere spannende Aufgabe als Pädagogen bleibt, **Kinder und Eltern kompetent im Alltagsleben zu begleiten und sie für die Schule und das Leben fähig zu machen.**

Fachwörterlexikon

1:1-Zuordnung
Zum Vergleichen von Anzahlen wird eine Menge von Gegenständen einer anderen Menge gegenübergestellt und jeweils ein Gegenstand dem anderen zugeordnet

Animistisches Weltbild
Bis zu einem bestimmten Entwicklungsalter sehen Kinder Gegenstände als „lebendig" an und verleihen Vorgängen in der Umwelt eine „Seele", z. B. der Wind bläst, die Sonne lacht, die Puppe hat Hunger.

Auditive Wahrnehmung
Aufnahme und Verarbeitung von Reizen, die mit den Ohren gehört werden

Authentizität
Echtheit des Verhaltens und Handelns einer Person

Didaktik
Die Kunst des Lehrens, also wie man jemandem etwas am besten beibringt

Didaktische Brille
Geschärfter Blick auf bestimmte Situationen, durch die Lernprozesse in Gang gesetzt werden können

Emotionale Fähigkeiten
Fähigkeiten, die mit der Gefühlswelt zu tun haben, z. B. Selbstvertrauen, Angstfreiheit, Motivation usw.

Feinmotorik
Beweglichkeit der Hände und Finger, Fingerfertigkeit

Frustrationstoleranz
Fähigkeit, enttäuschende Situationen auszuhalten

Gestik
Bewegungen der Arme, der Hände und des Kopfes, die mit dem Sprechen einhergehen

Graphem
Schriftzeichen, geschriebener Buchstabe

Grobmotorik
Beweglichkeit des gesamten Körpers, Fähigkeit zu bestimmten Bewegungsabläufen, wie z. B. zum Laufen, Hüpfen, Springen usw.

Invarianz
Erkenntnis, dass die Mächtigkeit einer Menge gleich bleibt, auch wenn sich die räumliche Struktur verändert. (Es bleiben gleich viele Murmeln, auch wenn man sie in ein anderes, z. B. in ein größeres, Gefäß schüttet.)

Kardinalzahlaspekt
Reihenfolge der Zahlen, der 1., 2., 3. ...

Klassifizieren
Dinge nach ihren Eigenschaften zuordnen und beschreiben, Gegenstände nach bestimmten Merkmalen sortieren

Kokonstruktion
Begriff aus der Lern- und Entwicklungspsychologie: Das Kind „konstruiert" (entdeckt und entwickelt) sich seine eigene Welt und wird dabei von einem „Ko"mpagnon (Eltern / Erzieher / Lehrer) unterstützt.

Kompetenzen
Fähigkeiten, Fertigkeiten und die Bereitschaft, Probleme zu lösen

Kognitive Fähigkeiten
Fähigkeiten, für die Gedächtnisleistungen im Gehirn erforderlich sind, z. B. Denkfähigkeit, Wahrnehmung, Sprache, mathematische Erkenntnisse usw.

Kulturtechniken
Sammelbezeichnung für die Techniken des Lesens, Schreibens und des einfachen Rechnens

Lautieren
Buchstabieren in der Lautform, also z. B. „mmm" statt „emm"

Literacy-Erziehung
Umgang mit Büchern und Texten als Kulturgut

Mimik
Gesichtsbewegungen, Mienenspiel

Philosophieren
Sich über Fragen zu Gott und der Welt, die nicht mit kognitivem Wissen zu beantworten sind, Gedanken machen

Phonem
Laut, gesprochener Buchstabe oder Buchstabenverbindung

Phonologische Bewusstheit
Fähigkeit, einzelne Laute eines Wortes zu unterscheiden, und Erkenntnis, dass sich die Sprache aus Lauten zusammensetzt

Physisch-motorische Fähigkeiten
Fähigkeiten des Bewegungsapparats, z. B. Feinmotorik, Grobmotorik usw.

Serialität
Erkenntnis über die zeitliche Beziehung von Ereignissen, Erkennen einer bestimmten Reihenfolge

Sozial-kommunikative Fähigkeiten
Fähigkeiten, die für das Zusammenleben in einer Gruppe gebraucht werden, z. B. Respekt, Anerkennung von Regeln, Umgangsformen, Gesprächsbereitschaft usw.

Sozial-kulturelles Makrosystem
Lebensraum des Menschen mit allen gesellschaftlichen und umweltbedingten Einflüssen, die für dessen Entwicklung von Bedeutung sind

Visuelle Wahrnehmung
Aufnahme und Verarbeitung von Reizen, die mit den Augen gesehen werden

Literaturverzeichnis

Bandura, Albert: Lernen am Modell. Ansätze zu einer sozial-kognitiven Lerntheorie. Stuttgart, Klett-Verlag, 1976

Barth, Karlheinz: Lernschwächen früh erkennen im Vorschul- und Grundschulalter. 5. Auflage, München, Ernst Reinhardt Verlag, 2006

Bayerisches Staatsministerium für Unterricht und Kultus: Lehrplan für die bayerische Grundschule. München, Verlag J. Maiß GmbH, 2002

Becker-Textor, Ingeborg (Hrsg.): Das Montessori-Elternbuch. 3. Auflage, Freiburg im Breisgau, Herder Verlag, 2004

Blakemore, Sarah-Jayne/Frith, Uta: Wie wir lernen. Was die Hirnforschung darüber weiß. 1. Auflage, München, Deutsche Verlags-Anstalt, 2006

Burtscher, Irmgard Maria: Natur- & Himmelsforscher. Was Kinder wissen wollen. 1. Auflage, München, Don Bosco Verlag, 2003

Comenius, Johann Amos: Große Didaktik. (Didactica magna.) Zitat auf S. 32 nach: http://www.comenius-stiftung.de/Zitate-von-J-A-Comenius.html; Zitat auf S. 35 nach: http://www.gs-comenius-tangermuende.bildung-lsa.de/downloads/schulprogramm09.pdf (jeweils abgerufen am 29.09.2011)

Elschenbroich, Donata: Weltwissen der Siebenjährigen. Wie Kinder die Welt entdecken können. 1. Auflage, München, Antje Kunstmann Verlag, 2001

Dolenc, Ruth/Gasteiger, Hedwig/Kraft, Gerti/Loibl, Gabriele: ZahlenZauberei. Mathematik für Kindergarten und Grundschule. 1. Auflage, München, Düsseldorf, Stuttgart, Oldenbourg Schulbuchverlag, 2005

Grimm, Hannelore/Weinert, Sabine, Sprachentwicklung. In: Oerter, Rolf/ Montada, Leo (Hrsg.): Entwicklungspsychologie. 5. Auflage, Weinheim, Basel, Berlin, Beltz Verlag, 2002, S. 517–550

von Hirschhausen, Eckart: Glück kommt selten allein. 6. Auflage, Reinbek bei Hamburg, Rowohlt Verlag, 2009

Juul, Jesper: Das kompetente Kind. 8. Auflage, Reinbek bei Hamburg, Rowohlt Verlag, 2007

Juul, Jesper: Die kompetente Familie. Neue Wege in der Erziehung. 5. Auflage, München, Kösel-Verlag, 2009

Kammermeyer, Gisela, Schulfähigkeit. In: Faust-Siehl, Gabriele/Speck-Hamdan, Angelika (Hrsg.): Schulanfang ohne Umwege. Frankfurt a. Main, Arbeitskreis Grundschule e.V., 2001, S. 96–118

Lück, Gisela: Leichte Experimente für Eltern und Kinder. 8. Auflage, Freiburg im Breisgau, Herder Verlag, 2000

Nickel, Horst: Einschulung. In: Perleth, Christoph/Ziegler, Albert (Hrsg.): Pädagogische Psychologie. Grundlagen und Anwendungsfelder. Bern, Huber-Verlag, 1999, S.149–159

Niesel, Renate: Auch die Eltern kommen in die Schule. PPT-Vortrag zu „Übergang als Chance" – Kampagne zur Intensivierung der Kooperation von Kindertageseinrichtung und Grundschule 2006–2008, München, IFP, 2006

Piaget, Jean: Das Weltbild des Kindes. 8. Auflage, München, Deutscher Taschenbuch Verlag, 2005

Suhr, Antje: Die 50 besten Spiele zur Schulvorbereitung. 1. Auflage, München, Don Bosco Verlag, 2009

Tenta, Heike: Schrift- und Zeichenforscher. Was Kinder wissen wollen. 1. Auflage, München, Don Bosco Verlag, 2002

Textor, Martin R.: Ihr Kind auf dem Weg zum Schulkind. So fördern Sie die Entwicklung während der Kindergartenzeit und nach der Einschulung. In: Fthenakis, Wassilios E../Textor, Martin R. (Hrsg.): Online-Familienhandbuch. Zitiert nach: http://www.familienhandbuch.de/cms/Schule/Schule_Schulkind.pdf (abgerufen am 29.09.2011)

Besser mit Brigg Pädagogik!
Neue pädagogische Konzepte für die moderne Schulentwicklung!

Felix Greiner
Methoden, Tricks und Kniffe für den täglichen Unterricht

Klassenführung, Rituale, Aktivierung, Rhythmisierung und Disziplin

112 S., DIN A4,
Ideen für die Praxis
Best.-Nr. 529

Dieser Band liefert Ihnen **wertvolle Praxistipps**, die Ihren Unterrichtsalltag stressfreier und effektiver machen. Sie erhalten zahlreiche Anregungen zur Klassenführung, Aktivierung von Schülern und Rhythmisierung Ihres Unterrichts. Direkt im Unterricht einsetzbar.

Peter Veith
Herausforderungen im Klassenzimmer meistern

Schüler verstehen und ermutigen – Grenzen setzen – Regeln vereinbaren

172 S., kart.
Best.-Nr. 707

Dieser Praxisband ist ein Segen für Lehrkräfte, die **in schwierigen Klassensituationen** mit ihrem Latein am Ende sind. Der Autor hilft angehenden wie erfahrenen Pädagogen, das Schülerverhalten von Grund auf zu verstehen und damit den eigenen Schulalltag besonnener zu gestalten.

Wolfgang Wertenbroch
Handbuch für den Schulalltag

Ein Praxisleitfaden für Lehrkräfte

104 S., kart.
Best.-Nr. 403

Problemlösungen für **wichtige Themen des Schulalltags**! Auf Fragen wie „Wie werden wir von Schülern gesehen?" geht der Autor ebenso ein wie auf die Interaktion zwischen Schülern und Lehrkräften sowie auf Disziplin- und Konzentrationsschwierigkeiten.

Helmut Wehr / Gerd-Bodo von Carlsburg (Hrsg.)
Erlebnispädagogik

Theorie, Praxis und Projekte für die Schule

124 S., DIN A4
Best.-Nr. 524

Mit diesen **Projektvorschlägen** wird dem Schulalltag eine Alternative zum sonst üblichen Schulbetrieb geboten: an der Kletterwand, im Zirkusprojekt, bei einer Kanutour oder in der Naturbegegnung. Alle Projekte werden ausführlich beschrieben, reflektiert und mit Fotos illustriert.

Weitere Infos, Leseproben und Inhaltsverzeichnisse unter www.brigg-paedagogik.de

Bestellcoupon

Ja, bitte senden Sie mir / uns mit Rechnung

_____ Expl. Best.-Nr. _____
_____ Expl. Best.-Nr. _____
_____ Expl. Best.-Nr. _____
_____ Expl. Best.-Nr. _____

Meine Anschrift lautet:

Name / Vorname
Straße
PLZ / Ort
E-Mail
Datum/Unterschrift   Telefon (für Rückfragen)

Bitte kopieren und einsenden/faxen an:

**Brigg Pädagogik Verlag GmbH
zu Hd. Herrn Franz-Josef Büchler
Zusamstr. 5
86165 Augsburg**

☐ Ja, bitte schicken Sie mir Ihren Gesamtkatalog zu.

Bequem bestellen per Telefon / Fax:
Tel.: 0821 / 45 54 94-17
Fax: 0821 / 45 54 94-19
Online: www.brigg-paedagogik.de

Besser mit Brigg Pädagogik!
Aktuelle Ratgeber für wichtige pädagogische Themen!

René Hofer

Verwahrlosung interdisziplinär begreifen

Sichtweisen – Erscheinungsformen – Interventionsmöglichkeiten

Ein Studienbuch

144 S., kart.
Best.-Nr. 333

Ein **umfassendes Studienbuch** zu einem wichtigen Thema! Verwahrlosung von Kindern ist ein komplexes Problem, das im Bereich der **Verhaltensstörung** angesiedelt ist. Anhand von **praktischen Beispielen** aus dem Erziehungs- und Schulalltag werden die verschiedenen Erscheinungsformen konkretisiert. Am Ende jedes Kapitels finden sich **Lernaufgaben**, die zu vertiefter Reflexion und eigener **Lernkontrolle** anregen.

Kurt Aregger / Eva Maria Waibel

Entwicklung der Person durch Offenen Unterricht

Das Kind im Mittelpunkt: Nachhaltiges Lernen durch Persönlichkeitserziehung

182 S., kart.
Best.-Nr. 334

Effektives und nachhaltiges Lernen gelingt nur, wenn die Persönlichkeit der Schüler im Mittelpunkt des Lernens steht. Der Band belegt diese Erkenntnis anhand der neuen Ergebnisse der Hirnforschung. Die Autoren zeigen auf, welche Chancen die Persönlichkeitsstärkung jedes einzelnen Kindes bietet. Ein wichtiger Beitrag zum Thema **moderne Schulentwicklung!**

Sabine Bürgermann / Gerd-Bodo von Carlsburg

Pädagogische Therapie: Identitätsprobleme erfolgreich behandeln

Ein integratives Konzept zur Selbstverwirklichung für Theorie und Praxis im Schulalltag

200 S., kart.
Best.-Nr. 626

Pädagogische Hilfen zur Identitätsfindung und Selbstverwirklichung von Kindern und Jugendlichen im Schulalltag als Schutz gegen Gewalt, Suchtgefahr und Sinnkrisen!

Eva Maria Waibel

Erziehung zum Sinn – Sinn der Erziehung

Grundlagen einer existenziellen Pädagogik

432 S., kart.
Best.-Nr. 525

Dieses Buch entwirft Leitlinien von Existenzieller Erziehung und legt gleichzeitig eine grundlegende Struktur von Existenzieller Erziehung vor, die dazu anregt, **sich mit sich selbst auseinanderzusetzen** und zu eigenen Bewertungen und Grundansätzen Stellung zu nehmen.

Weitere Infos, Leseproben und Inhaltsverzeichnisse unter
www.brigg-paedagogik.de

Bestellcoupon

Ja, bitte senden Sie mir / uns mit Rechnung

_____ Expl. Best.-Nr. _____
_____ Expl. Best.-Nr. _____
_____ Expl. Best.-Nr. _____
_____ Expl. Best.-Nr. _____

Meine Anschrift lautet:

Name / Vorname

Straße

PLZ / Ort

E-Mail

Datum/Unterschrift   Telefon (für Rückfragen)

Bitte kopieren und einsenden/faxen an:

**Brigg Pädagogik Verlag GmbH
zu Hd. Herrn Franz-Josef Büchler
Zusamstr. 5
86165 Augsburg**

☐ Ja, bitte schicken Sie mir Ihren Gesamtkatalog zu.

Bequem bestellen per Telefon / Fax:
Tel.: 0821 / 45 54 94-17
Fax: 0821 / 45 54 94-19
Online: www.brigg-paedagogik.de

Besser mit Brigg Pädagogik!
Wichtige Lernvoraussetzungen schaffen!

Bernd Wehren

Der Erstklässler-Führerschein

Mit neun Selbstlern-Übungsheften erfolgreich durch das erste Schuljahr

184 S., DIN A4,
Kopiervorlagen,
32 Erstklässler-Führerscheine
Best.-Nr. 683

Klassensatz farbiger Erstklässler-Führerscheine

8 Bögen mit je 4 Führerscheinen
Best.-Nr. 684

Dieser Band bietet Ihnen **neun Selbstlern-Übungshefte**, mit denen Sie Ihre Kinder **individuell** zum Schreiben, Schneiden, Rätseln und Rechnen führen. Sie können die Übungshefte kopieren und im Laufe des ersten Schuljahres nach und nach individuell an Ihre Schüler austeilen.

Ingrid Karres / Anja Kriegel

Lotti, die Motivationslok

Ganzheitliche Vermittlung der wichtigsten Basiskompetenzen in der 1. und 2. Klasse

80 S., DIN A4, farbig,
mit Kopiervorlagen und Portfolio
Best.-Nr. 644

Bestärkendes Lernen von Anfang an ist das Hauptanliegen dieses neuartigen Lernkonzepts zur Vermittlung wichtiger **Basiskompetenzen** aus den Bereichen Motorik, Organisation, soziales Lernen, kognitive Kompetenzen, Ordnung, Sorgfalt und Lernmethoden. Mithilfe von Lernkarten eignen sich die Kinder diese Kernkompetenzen innerhalb eines Schuljahres an. Am Ende des Jahres kann jedes Kind alle Lernkarten in einem **individuellen Portfolio** sammeln und mit nach Hause nehmen.

Jacqueline Heintz / Sophie Heintz

Endlich bin ich ein Schulkind!

Arbeitsblätter zur Schaffung von Lernvoraussetzungen für die Schule

52 S., DIN A4,
Kopiervorlagen
Best.-Nr. 285

Kinder ab 5 Jahren mit **gezielten Übungen und Spielen** auf die Schule vorbereiten! Das Buch hilft Ihnen, den Kindern das nötige Rüstzeug für einen erfolgreichen Schulbesuch mit auf den Weg zu geben: Sie lernen, in ganzen Sätzen zu sprechen und genau zuzuhören. Übungen zur Schulung der Feinmotorik bereiten sie optimal auf das Schreiben vor. Durch den Umgang mit Mengen und Zahlen fällt ihnen das Rechnen später leichter.

Irene Wirth

Das kreative ABC

Phonologische Bewusstheit, Konzentration, Aufmerksamkeit, Merkfähigkeit und Reaktion fördern

72 S., DIN A4,
mit Kopiervorlagen
Best.-Nr. 506

Dieser Band liefert Ihnen fertig erstellte Materialien und Anregungen zu allen Buchstaben und wichtigen Lautverbindungen. Durch das **Reimen, Singen, Rätseln oder Hören von Geschichten** erkennen und erlernen Kinder Laute intuitiv. Sie lernen unbewusst durch das häufige Wiederholen und lieben es zu sprechen, zu spielen und sich zu bewegen. Die Wortspiele lassen sich wunderbar bei verschiedenen Themen im Jahreslauf einbeziehen.

Bestellcoupon

Ja, bitte senden Sie mir / uns mit Rechnung

_____ Expl. Best.-Nr. _____

_____ Expl. Best.-Nr. _____

_____ Expl. Best.-Nr. _____

_____ Expl. Best.-Nr. _____

Meine Anschrift lautet:

Name / Vorname

Straße

PLZ / Ort

E-Mail

Datum/Unterschrift   Telefon (für Rückfragen)

Bitte kopieren und einsenden/faxen an:

**Brigg Pädagogik Verlag GmbH
zu Hd. Herrn Franz-Josef Büchler
Zusamstr. 5
86165 Augsburg**

☐ Ja, bitte schicken Sie mir Ihren Gesamtkatalog zu.

Bequem bestellen per Telefon / Fax:
Tel.: 0821 / 45 54 94-17
Fax: 0821 / 45 54 94-19
Online: www.brigg-paedagogik.de